W0187548

Jörg Zink

Hans-Jürgen Hufeisen

Feier der Schöpfung

JÖRG
ZINK
HANS-JÜRGEN
HUFEISEN

FEIER DER SCHÖPFUNG

Vier Liturgien für die Erde

Kreuz Verlag

Die Deutsche Bibliothek – CIP-Einheitsaufnahme

Zink, Jörg:
Feier der Schöpfung : vier Liturgien für die Erde / Jörg Zink ;
Hans-Jürgen Hufeisen. – Stuttgart : Kreuz-Verl., 1993
ISBN 3-7831-1270-2
NE: Hufeisen, Hans-Jürgen:

1 2 3 4 5 97 96 95 94 93

© Kreuz Verlag Stuttgart 1993
Umschlaggestaltung: Jutta Schuster
Satz: Steffen Hahn, Kornwestheim
Printed in Italy
ISBN 3 7831 1270 2

INHALT

TEIL II · BIBLISCHE REDEN ZU DEN VIER LITURGIEN FÜR DIE ERDE

ZU: *Freude am Ursprung*

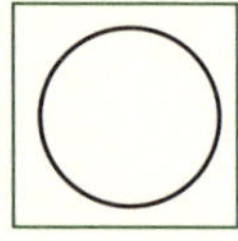

ZU: *Klage und Trauer*

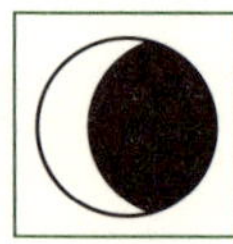

ZU: *Vom sakramentalen Umgang mit der Erde*

ZU: *Die neue Schöpfung*

Anhang zur Musik

Vorwort

Jede Generation wird, was in ihrer Zeit geschieht, neu und anders erfahren. Sie wird auf die Herausforderungen ihrer Zeit mit neuen Antworten reagieren. Sie wird vor anderen Aufgaben stehen. Neue Themen werden sich melden, die die Generation vor ihr so nicht bedacht hat. Alles aber wird daran liegen, daß sie aufgreift, was vor ihr steht, daß sie mit ihrem Nachdenken, ihrem Glauben und ihrem praktischen Handeln die Aufträge erfüllt, die ihr gestellt sind.

Einige der besonderen Aufgaben am Ende dieses Jahrhunderts und am Anfang des neuen werden mit dem Frieden zusammenhängen, mit der Gerechtigkeit auf dieser Erde und mit einem neuen Achten auf das Leben der Schöpfung. Aber das sind für Christen nicht nur Themen für das theoretische Nachdenken und das praktische Tun, sondern auch für Gottesdienst und Feier, für Lied und Gebet. Nun sind unsere Agenden und unsere gottesdienstlichen Texte noch weitgehend den Themen zugewandt, die für die dreißiger bis fünfziger Jahre dieses Jahrhunderts wichtig waren. Es sind die persönliche Frömmigkeit, die Rechtfertigung und Versöhnung des Menschen, die Verehrung Jesu Christi als des Herrn vor allem der Gemeinde, und ein wenig auch die politische Aufgabe der Kirche in allgemeiner Form, vor allem in der Form der Fürbitte für die Regierenden. Wichtig sind in ihnen vor allem immer wieder der einzelne Mensch und seine persönlichen Gemeinschaften. In der Mitte des Glaubens steht weitgehend der Mensch mit seinen Sorgen und Ängsten, mit seiner Schuld und seinen persönlichen Bemühungen, und nur wenig haben Fragen der Dritten Welt, der Bewahrung der Schöpfung oder des Weltfriedens bislang in der liturgischen Sprache sich bemerkbar gemacht.

Am Ende dieses Jahrhunderts aber müssen wir begreifen, daß es auch Belange in dieser Welt gibt, die nicht die des Menschen allein sind. Wir leben in einem Zusammenhang, den wir lange vergessen haben: Weltfriede und Gerechtigkeit sind Grundthemen auch für unseren Umgang mit der Schöpfung. Die Schöpfung erinnert uns heute, da sie auf so beängstigende Weise auf dieser Erde zugrunde geht, dringend daran, daß sie unserer Sorge anvertraut ist. Wie sollte unser Bekenntnis zu Gott, dem Schöpfer, sonst wohl seinen Sinn und sein Gewicht behalten? Es gibt Wichtigeres als den Menschen allein. Wichtiger ist der große Zusammenhang, in dem wir leben, den wir die Erde nennen. Wichtiger auch als die Seligkeit des einzelnen Menschen ist am Ende das Reich Gottes, das ein Reich nicht allein des Menschen, sondern aller Geschöpfe sein wird.

Um dieses Thema geht es in diesem Buch, und zwar auf der Ebene der liturgischen Gestaltung und Sprache. Das Thema ist neu, und neu und anders als bisher ist darum auch die gottesdienstliche Form, die wir vorschlagen. Daran möge sich niemand stoßen. Liturgien sind keine Gesetze, sondern immer nur Vorschläge, auch die unseren. Jeder möge, was wir anbieten, für seine Feier umgestalten, aufnehmen oder aussparen, wie es seinen Vorstellungen entspricht. Die Musik haben wir absichtlich leise gewählt. Wir meinen, im Zusammenhang mit dem Schöpfungsthema müsse uns Menschen von heute der Triumphalismus mancher herkömmlichen musikalischen Formen und Instrumente vergangen sein. Wir bieten in erster Linie das Lied an, auch das mehrstimmig von der Gemeinde gesungene, und die leise Musik, die mit einzelnen Flöten oder Violinen genug hat. Wir meinen überhaupt, daß sich unser Feiern, unser Singen und Sprechen, in einer stillen Atmosphäre abspielen sollte, in der es möglich ist, auch in uns selbst nach innen zu horchen, und unseren eigenen Glauben, unsere eigene Verantwortung in Lied und Sprache zu fassen.

Wir meinen auch, es habe Sinn, wenn die Bibel uns auffordert, immer wieder „neue Lieder“ zu singen. Lieder sind Melodien, die im Tanz ergehen, Töne, die klagen, Worte, die trauern, Gedanken, die hoffen, Chöre, die einen neuen Weg suchen. Und dies alles in einem Raum, der solchen Feiern entspricht. Wir sind gewöhnt, in Reihen hintereinander zu sitzen, und haben gelernt, daß vorn einer ist, der zu uns spricht. Aber so ist das Dasein auf dieser Erde nicht geordnet, die Schöpfung nicht eingerichtet. Eine Feier der Schöpfung redet von etwas, das viele unter uns zur Sprache bringen und das uns gemeinsam ans Herz gelegt ist. Sie braucht eine räumliche Mitte, in die wir uns einbringen können. Diese Mitte kann man mit Kerzen ausgestalten, mit Gegenständen, die die Natur anbietet, mit Steinen oder Hölzern, mit Blumen oder auch mit Dingen, die die vier Elemente Erde, Wasser, Luft und Feuer zeigen. Die vier verschiedenen Feiern, die wir hier vorschlagen, regen zu sehr verschiedenen Gestaltungen an. Die „Freude am Ursprung“ hat Farben und Lichter, und sie hat natürlich Himmelsrichtungen, nach denen wir schauen und die im Raum angedeutet werden können. „Klage und Trauer“ verlangt eine karge, eine herbe Gestaltung, vielleicht liegt vor uns nur eine tote Baumwurzel oder ein Kranz aus Stacheldraht. Vielleicht auch haben Sie einen Balken, auf den Sie im Rhythmus der Klage mit einem Stein schlagen können, wie die Mönche der orthodoxen Kirche ihre Trauerrhythmen auf dem Sinandron schlagen, einer Diele von drei Metern Länge und fünf Zentimetern Dicke. Beim „sakramentalen Umgang mit der Erde“ kann es eine Schale mit duftenden Kräutern sein oder ein besonderer Kelch und ein Brett mit Brot in einer Umgebung, die Stille vermittelt, Umkehr und Heilung. Die Feier der „neuen Schöpfung“ sucht die Phantasie, die einen neuen Weg, eine heilvolle Zukunft, ein Bild des Segens zeigt. Und wenn Sie mit wenig Licht auskommen, wird es allemal besser sein als mit blendend heller Beleuchtung.

Die vier Symbolbilder zu den Liturgien, die Sie in diesem Buch vorfinden, sind zugleich Muster, nach denen Sie gemeinsame Gesten und Gebärden entwickeln und einüben können. Dazu einige Vorschläge: Zum Mosaikfenster: Die Arme öffnen sich wie die Strahlen, die aus dem Fenster kommen. Zur Dornenkrone: Sie bilden mit den Fingern eine Dornenhecke. Zu dem Vogel mit dem Blatt im Schnabel: Sie bilden mit den Händen eine Schale, um den Zweig zu empfangen. Zum Baumlabyrinth: Sie gehen das Labyrinth ab, indem Sie unten links beginnen, von dort zur Baumkrone gelangen und von da zu den Wurzeln. Das Gehen selbst ist das Ziel, und vielleicht wird es so zum Gebet.

Gesten und Gebärden verwandeln, was Ihre Seele erfährt, in eine äußere Form. Es wäre schön, wenn unsere an Gesten so armen Gottesdienste, die evangelischen, meinen wir, mehr und mehr auch von solchen Zeichen erfüllt würden. Eine Feier der Art, wie dieses Buch sie meint, ist ja selbst eine Art Gebärde, die unsere Zuwendung zu Gottes Welt, der schönen, der gefährdeten, der heiligen und der zukunftsreichen Erde, ausdrückt.

Hans-Jürgen Hufeisen und Jörg Zink

TEIL I

Vier Liturgien für die Erde

Freude am Ursprung

Text: Jörg Zink
Musik: Hans-Jürgen Hufeisen

Flöte

D D D D

Du na - her Gott, du Licht und Macht,

D D D4 D

du Hel - lig - keit und Glanz der Er - den,

C D/C G/H D/A G

du Sonn des Ta - ges, Licht der Nacht,

Em C G D

laß uns zum Licht der Er - de wer - den.

2. Geheimnis, leiser Hauch und Wind,
du Lebensgeist, den wir nicht fassen,
durchwehe uns wie Atem lind,
sanft aufgenommen, sanft entlassen.

3. Zum Tag gehn wir aus dir hervor,
im Mittag gilt dein Werk und Wille,
am Abend gehn wir durch dein Tor,
zu ruhn des Nachts in deiner Stille.

NACH PSALM 92

E Preiset mit mir Gott,
ihr Menschen,
Frauen und Männer, Alte und Junge.
Denn aus seiner Hand kommt ihr,
in seiner Hand lebt ihr,
in seine Hand kehrt ihr zurück.
Preiset alle mit mir den einen,
den Schöpfer der Welt.

Schön und kostbar ist es, dir zu danken,
dich mit Liedern zu preisen, du Höchster.

Denn du machst uns fröhlich durch dein Walten,
und wir rühmen, was du an uns tust.

Wie geheimnisreich ist dein Wirken,
wie tief sind deine Gedanken!

Wer in dir lebt, grünt wie ein Palmbaum.
Er wächst wie eine Zeder auf dem Libanon.

Wenn wir vor dir stehen,
eingepflanzt in deine Gegenwart,

grünen wir wie die Bäume,
die vor deinem Tempel stehen.

Noch im Alter tragen wir Frucht,
bleiben kräftig und frisch.

Wir künden von deiner Güte
und deiner Verläßlichkeit.

Du bist der Grund, auf dem wir stehen,
du bist die Erde, in der wir wurzeln.

Schön und kostbar ist es,
dir zu danken,
mein Gott!

zweimal singen

Text: Jörg Zink
Musik: Hans-Jürgen Hufeisen

NACH PSALM 148

E Preiset Gott,
ihr Sterne oben am Himmel,
Orion und großer Wagen,
Wega und Sirius,
ihr Nebel ferne im All.

Preiset Gott,
ihr Planeten und Monde,
Uranus und Jupiter,
du Sonne, du Erde,
du blaues Juwel.

Preiset Gott,
ihr Meere, ihr Ozeane,
ihr Kontinente und ihr Inseln,
ihr Wälder und Wüsten
und alles, was wächst und gedeiht.

Preiset Gott,
ihr Walfische und ihr Seemöwen,
ihr Löwen, ihr Haustiere
und was sich bewegt auf der Erde.

Preiset Gott,
ihr Elemente und ihr Moleküle,
ihr Kräfte, Stoffe und Gesetze,
ihr Zeugen seiner Schöpferkraft.

Preiset mit mir Gott, ihr Menschen,
ihr Schwarzen und Gelben,
ihr Weißen und Braunen,
allüberall in der Welt.

Text: Jörg Zink
Musik: Hans-Jürgen Hufeisen

zweimal singen

DIE ELEMENTE

E Höret die Elemente der Erde,
Luft und Feuer, Wasser und Erde.
Hört, wie sie Gott preisen.

DIE LUFT

E Ich bin die Luft, der Wind, der Sturm,
ich bin das schwebende Element,
das die Erde umkreist.
Ich bin das Zauberreich der Wolkengebirge,
der breiten Regenwolken,
der Federn in den zarten Eisschleiern.

Ich zeige meine Kunst im Flug der Möwe.
Ich bin ihre tragende Kraft
und die Freiheit ihres Spiels.
Ich bin die heitere Gelassenheit
im Wagnis des Fliegens.

Ich spiegle die Sonne im Regenbogen.
Ich bin Klang, Ton, Sprache, Musik.
Ich bin die Lebendigkeit des Instruments,
der Flöte oder Saite
oder der Stimmen von Tier und Mensch.
Ich bin der Raum des Schwingens
und der Resonanz.
Ich bin Atem, ich bin Rhythmus
und Klang des Lebens.

Ich bin der Duft der Wälder und der Kräuter,
des Meeres oder des Harzes.

Für euch, Menschen,
bin ich das Element der Inspiration,
der Hoffnungen und der Träume.
Ich bin wie Gottes Geist in eurem Geist.

Text: Jörg Zink
Musik: Hans-Jürgen Hufeisen

F C F Bb
Wir prei - sen dich, Gott, du um -

Bb F4 F Gm Gm
fas - sen - de Kraft. ___ Ge - setz du des

Gm Gm Dm Am Am
Wan - dels der Ster - ne im All, der Weis - heit in

Am F Gm A F C F
al - lem, was leuch - tet und lebt, du Geist in den

G C Bb C F C/E
Din - gen der Er - de. Wir prei - sen

Dm Bb Bb F4 F
dich, Va - ter und Mut - ter der Welt. ___

DAS LICHT

E Ich bin das Licht und die Glut,
das Feuer und der Brand.
Ich bin das Feuer, aus dem die Welt hervorsprang.

Ich bin das Feuer über den heißen Felsen
der Wüste,
die Lava im Vulkan, der brennende Kern der Erde.

Ich bin Fackel und Lampe.
Ich schmelze das Erz und brenne das Tongefäß.
Ich bin das Feuer unter dem Topf,
das aus dem Scheit leuchtet,
rot, orange und gelb.

Ich bin das Licht. Ohne mich wächst kein Blatt.
Ich gehe aus unvorstellbaren Feuerstürmen hervor
und brenne vor euren Augen als das Spiel
der Farben.

Ich bin der Grundstoff,
aus dem die Seele des Menschen gemacht ist,
seine geistige Kraft, seine Leidenschaft,
sein Zorn, seine Liebe, seine Begeisterung.

Ich bin das Licht, das dein Kleid ist, Gott.
Ich preise dich, Schöpfer,
Ich brenne aus dir.

Text: Jörg Zink
Musik: Hans-Jürgen Hufeisen

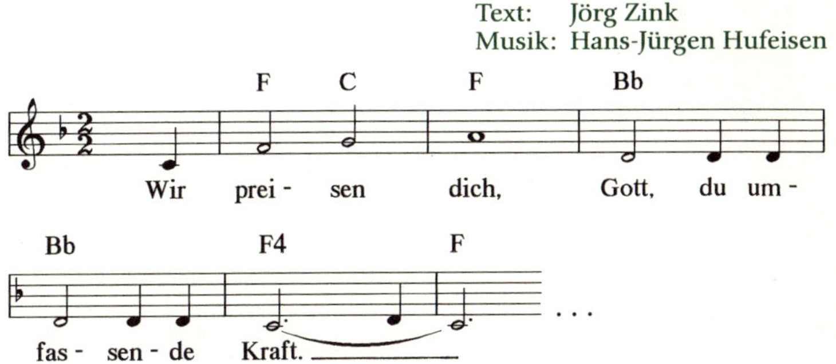

DAS WASSER

E Ich bin das Wasser, der Regen und der Bach,
der Nebel und das Meer.
Ich bin die Wolke, das Eis und der Schnee.
Ich bin die Spiegelung des Himmels.

Ich bin die Wasserwelt unter dem Acker.
Aus meiner Tiefe kommen die Brunnen.
Ich säge an den Flanken der Berge
und kerbe das Profil der Felsen.

Ich bin der heilende Moorsee.
Ich bin das Element, in dem das Leben wächst
im Leib der Mutter.

Ich bin das Element der Wandlung.
Ich bin der Ursprung des Lebendigen auch in dir,
Mensch.
Ich bin die Quelle, die in dir entspringen soll.
Schöpfe mich.

Ich preise dich, Schöpfer,
ich quelle aus dir.

Text: Jörg Zink
Musik: Hans-Jürgen Hufeisen

DIE ERDE

E Ich bin die Erde, der Fels und der Sand,
der Berg und das Tal und das Erz im Gestein.
Ich habe die Jahrmillionen gesehen.
Ich gebe die Weisheit des Schöpfers weiter
an die unendlich vielen lebendigen Wesen.
Die Tiere sind meine Kinder, die Bäume, die Flüsse,
das Grün der Blätter und das Grau der Steine.

Ich bin der verläßliche Grund unter deinen Füßen,
Mensch.
Ich ruhe, und du kommst aus meiner Ruhe.
Am Ende findest du Ruhe in mir.

Ich preise dich, Schöpfer,
du Weisheit in mir. Du schaffende Kraft.

Text: Jörg Zink
Musik: Hans-Jürgen Hufeisen

F C F Bb
Wir prei - sen dich, Gott, du um -

Bb F4 F Gm Gm
fas - sen - de Kraft. Ge - setz du des

Gm Gm Dm Am Am
Wan - dels der Ster - ne im All, der Weis - heit in

Am Gm A F C
al - lem, was leuch - tet und lebt, du Geist in den

GEBET

E Wunderbarer Gott, du Schöpfer der Welt.
Du wohnst im Licht.
Dich rühmt der Erdkreis,
dich preisen die Menschen.
Was sind wir vor dir, daß du an uns denkst?

Alles, was ist, hast du geschaffen.
Alles, was ist, erzählt von deinen Gedanken.
Alles, was ist, rühmt deine Weisheit.
In allem, was ist, erfüllt sich dein Plan,
auch in mir.
In allem, was ist, schaue ich
das Zeichen deiner Herrlichkeit.
Du bist der Bogen über mir.
Du bist die Erde unter mir.
Du bist die Höhe und die Tiefe.
Ich bin in dir. Ich preise dich,
schaffender Gott.

Text: Jörg Zink
Musik: Hans-Jürgen Hufeisen

dreimal singen

Hei - lig bist du, Ur - sprung der
Welt. Hei - lig bist du, Ziel al - ler
We - ge. Hei - lig bist du,
e - wi - ge Ge - gen - wart.

LESUNG NACH 1. MOSE 1

E Gott sprach: Es werde Licht. Und es ward Licht.
Am ersten Tag brach die Welt hervor
in einem Blitz aus Feuer und Energie.
Gott sprach sein Wort, und es entstanden
die Kräfte, die Gesetze und Stoffe,
das Leben und der Geist.

Text: Jörg Zink
Musik: Hans-Jürgen Hufeisen

Eb Ab Eb Bb Eb Bb Ab
Und es ward A - bend und Mor - gen, Hal - le - lu -

Bb Fm Eb Bb
ja, und es ward A - bend und Mor - gen,

Cm Bb G Cm
Hal - le - lu - ja, und es ward A - bend und

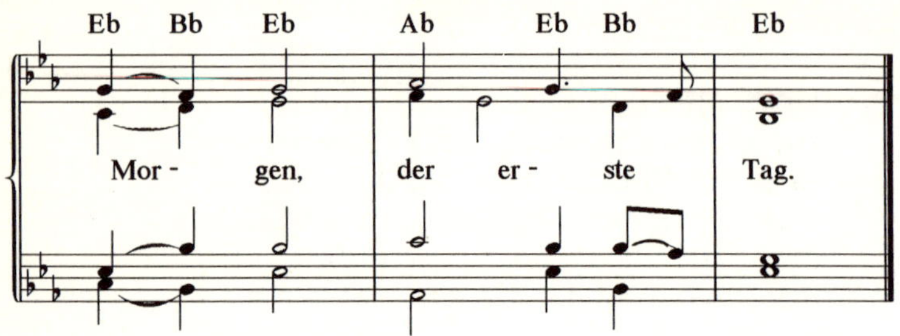

E Gott schuf die Erde.
Er führte sie in das große Abenteuer der Evolution,
und sein Geist war das Geheimnis
eines Werdens von Milliarden Jahren.

Text: Jörg Zink
Musik: Hans-Jürgen Hufeisen

E Gott sprach:
Es soll ein Oben und ein Unten werden,
Tag und Nacht, Meer und Land.
Vergangenheit und Zukunft. Raum und Zeit.

Text: Jörg Zink
Musik: Hans-Jürgen Hufeisen

E Gott sprach, und es entstanden
lebendige Zellen, die sich vermehren,
aus ihnen Kräuter und Bäume, ein Garten
voller Entstehen und Blühen und Vergehen.

Text: Jörg Zink
Musik: Hans-Jürgen Hufeisen

E Gott sprach:
Wimmelt im Wasser!
Durchfliegt die Luft,
lauft auf der Erde, ihr Tiere,
und füllt den Garten mit lebendiger Kraft.

Text: Jörg Zink
Musik: Hans-Jürgen Hufeisen

E Und Gott sprach:
Richtet euch auf, ihr Menschen,
zum aufrechten Gang, seid frei!
Und die Menschen fingen an, zu denken,
zu gestalten, zu planen.

Gott schuf mich.
Er gab mir Auge, Ohr und Stimme.
Er gab meiner Seele die Sprache
und meinem Geist die Freiheit,
damit ich Antwort gebe dem Wort, das mich schuf.

Text: Jörg Zink
Musik: Hans-Jürgen Hufeisen

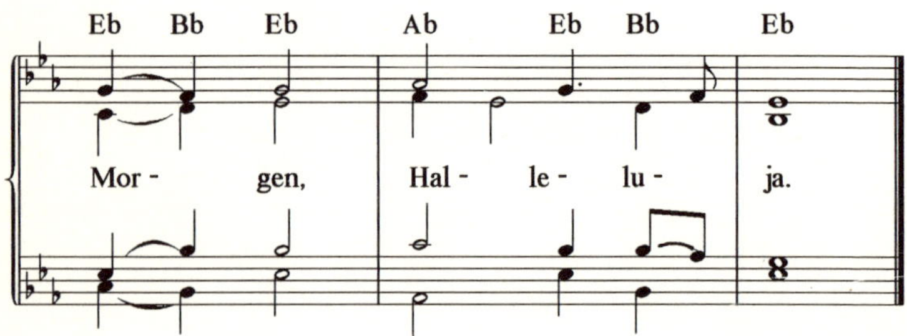

E Am siebten Tag ruhte Gott.
Denn Gott ist nicht nur der unendlich Wirkende.
Er war. Er ist. Er wird sein. Auch ohne sein Werk.
Und er segnete die Ruhe
und gab unserem Herzen den Frieden.

In seiner Ruhe aber wird eines fernen Tages
die Schöpfung ihr Ziel erreichen.
Sie wird aufhören zu sein und in ihn zurückkehren
mit den Stimmen der Dankbarkeit.

STILLE ODER GEMEINSAME GESTE

BIBLISCHE REDE

2. Erde du, um die wir klagen,
Erde, tausendfach versehrt,
die noch immer trägt und nährt,
laß mich in dir Wurzel schlagen.
Mach mich deiner Liebe wert.

3. Wasser, Strom und Meer und Quelle,
ewig wandernd, Wolke, Fluß,
aller Kräfte Überfluß.
Eis und Regen, Ruh und Welle,
Kraft dem, der sich wandeln muß.

4. Feuer, Ursprung aller Welten,
Glut aus Gott, du Licht und Brand,
Licht vom Licht in unsrer Hand.
Was du zeigst, soll sein und gelten:
Wahrheit, uns von Gott gesandt.

5. Luft, du Kraft der Schmetterlinge,
Wind und Atem, Lied und Sang,
Stimme du im Überschwang.
Sturm, du formst des Vogels Schwinge,
trägst auch Gottes Wort und Klang.

6. Gott, bewahr der Erde Segen!
Wasser, Tier und Blum und Wind
hüte gütig und gelind.
Liebe will auch mich bewegen,
deiner großen Schöpfung Kind.

GEBET

E Dich, Christus, bete ich an.
Du bist das sichtbare Bild Gottes.

Du bist der Erste,
der vor aller Schöpfung war.

Du bist das Zeichen seiner Nähe,
der älteste Bruder aller Geschöpfe.

In dir liegt das Geheimnis aller Dinge.
In dir wurde alles geschaffen.

In dir lebt alles Lebendige.
In dir besteht alles, was ist.

In deiner Hand
ruhen die Welten der Sterne.

Alles, was groß ist und was klein
auf unserer Erde, ist dein Reich.

Was sichtbar ist und was unsichtbar,
es ist eines in dir.

Ich möchte Hüterin sein,
Hüter deiner Schöpfung.
Ich möchte ihr helfen, zu leben und zu gedeihen.
Ich möchte das Leben schützen
gegen den Untergang.

Text: Jörg Zink
Musik: Hans-Jürgen Hufeisen

G G C/G G

1. Dein, Gott, ist die - se gros - se Welt. In
2. In dir sind Berg und Wind und Strand. Der

D/A C G C Hm D7 G

dir sind Haus und Weg und Zelt.
Son - ne Licht ist dein Ge - wand.

Am Em Hm Em

Du gibst die Kraft, du gibst die Zeit,
Be - wahr uns gnä - dig, lei - te du

SEGEN

E Gesegnet ist der Mensch,
der sich auf Gott verläßt.

Der ist wie ein Baum, am Wasser gepflanzt,

der seine Wurzeln zum Bach hinstreckt.

In der Hitze fürchtet er sich nicht,
und seine Blätter bleiben grün.

Er sorgt sich nicht im dürren Jahr,
sondern bringt Früchte allezeit.

Es segne und bewahre euch
Gott, der Barmherzige und Lebendige,
der Vater, der Sohn und der heilige Geist. Amen.

Alternative

Text: Jörg Zink
Musik: Hans-Jürgen Hufeisen

Kanon zu vier Stimmen

1. Gm Cm Gm
Wir prei - sen dich, wir prei - sen

D Gm Cm F D
dich, wir prei - sen dich, du um - fas - sen - de

Gm 2. Gm Cm Gm
Kraft. Du bist um uns wie das Krei - sen der

D Gm Cm
Ster - ne. Aus dir sind die Ord - nun - gen, in

F D Gm 3. Gm Cm
de - nen wir le - ben. Wir le - ben, wir le - ben,

Gm D Gm
wir le - ben, wir le - ben! Hal - le - lu - ja,

Cm F D Gm 4. Gm
Hal - le - lu - ja, Hal - le - lu - ja, Hal - le - lu - ja,

Cm Gm D
Hal - le - lu - ja, Hal - le - lu - ja, du schaf - fen - de
Gm Cm F D Gm
Kraft. Hal - le - lu -, Hal - le - lu - ja.

Klage und Trauer

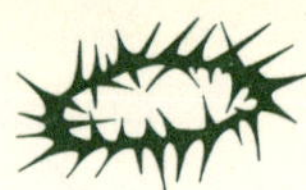

VORSPRUCH

E Aus der Tiefe rufe ich, Gott, zu dir!
Mein Gott, höre meine Stimme.

Wenn du, Gott, Sünden anrechnest,
wer wird bestehen?

Denn dein ist die Vergebung,
unser die Furcht.

Ich warte auf dich, Gott,
meine Seele wartet.

Ich warte auf dich
wie ein Wächter auf den Morgen,

ja, mehr, als ein Wächter
auf den Morgen wartet.

Wir alle warten auf dich,
denn von dir kommt das Licht.

Wir warten auf deinen Tag,
den Tag, da du Freiheit gibst,

Freiheit aus unserem Gefängnis:
aus aller unserer Schuld.

Text: Jörg Zink
Musik: Hans-Jürgen Hufeisen

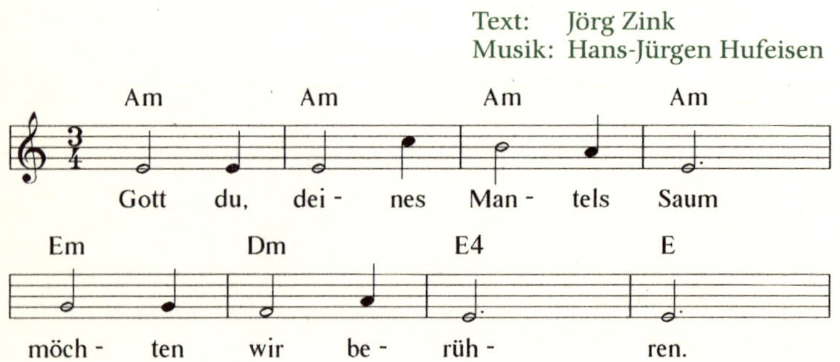

2. Laß, du Dunkler, der so fern,
Licht ins Dunkel scheinen,
daß sich wie in einem Stern
Erd und Himmel einen.

3. Sprich, du Naher, unsrem Leid
nur ein Wort zu, leise,
heilend, das in Angst und Not
uns den Frieden weise.

4. Eins in dir sind Zeit und Raum,
eins sind Not und Fülle.
Gott, in deines Mantels Saum
unsre Armut hülle.

KLAGE

E Wenn wir unser Herz und unser Ohr öffnen
für das große Leid der Kreaturen,
das Leid, das von uns Menschen ausgeht,
dann hören wir sie klagen.

Wir hören sie uns anklagen,
unsere Gewalttätigkeit und Gedankenlosigkeit.
Wir hören die Tiere und Pflanzen dieser Erde
und wissen, daß sie Grund haben,
zu trauern:

KLAGE DER ELEMENTE

E Wir klagen dir, Gott, du Schöpfer, unser Leid.
Du hast uns geschaffen dir zur Freude
und uns zum gemeinsamen Leben.

Wir klagen den Menschen an,
den du geschaffen zum Verwalter deiner Erde.
Wir klagen ihn an unaufhörlicher Verbrechen.

Leben ist ausgegangen von dir, Gott.
Leben sollte bewahrt werden durch den Menschen,
den du eingesetzt hast.

Wir klagen ihn an, von dem der Tod ausgeht,
wo immer deine Schöpfung lebt.
Wir klagen ihn an.

Text: Jörg Zink
Musik: Hans-Jürgen Hufeisen

E *Erde:* Wir klagen dir den Tod der Erde.
Der Mensch hat sie in Besitz genommen.
Verbaut, häßlich gemacht.
Pflanzen, die nicht nützen, werden ausgerottet.
Lebensräume der Tiere werden besetzt.
Die Schollen des Ackers sterben am Gift
des Menschen.
Am Ende wird die Erde ein Müllplatz sein,
voll Leiden und voll Tod.

E *Wasser:* Wir klagen dir den Tod der Meere.
Mit unendlich reichem Leben hast du sie erfüllt.
Aber sie sterben am Öl aus den Schiffen
der Menschen,
an dem Gift, das sie in ihnen versenken.
Sie sterben an dem Schmutz,
den die Menschen in die Flüsse schütten.

E *Luft:* Wir klagen dir den Tod der Luft.
Alle deine Geschöpfe atmen,
aus dem Atem kommt ihnen das Leben.
Aber sie ersticken an Rauch und Qualm
des Menschen,
den die Winde verbreiten
rund um die Erde.

E *Feuer:* Wir klagen dir den Mißbrauch des Lichts.
Aus dem Feuer kam die Welt. Deine Schöpfung.
Das Geheimnis des Feuers fand der Mensch
und entfesselte die Urkraft in der Materie.
Zuletzt wird er nicht mehr bändigen können,
was er gefunden.
Und das Urfeuer wird die Erde zerstören.

Text: Jörg Zink
Musik: Hans-Jürgen Hufeisen

E Alles, was schön ist oder schön war,
geht zugrunde durch die Ichsucht des Menschen,
seine Machtgier, seine Genußsucht, seine Torheit.

Die Schmetterlinge braucht man nicht,
sagen die Menschen.
Die Blumen in den Äckern.
Die Bäume im Regenwald.

Die klaren Bäche in den Wiesen,
die Wildtiere in den Savannen,
die Libellen über den Teichen.

Alles, was die Menschen schädlich nennen, stirbt.
Aber es gibt keine Schädlinge.
Der einzige wirkliche Schädling in der Schöpfung
ist der Mensch. Wir klagen ihn an.

Text: Jörg Zink
Musik: Hans-Jürgen Hufeisen

Frauen

Ist das die Er - de, von der wir sa - gen, sie sei so schön? Ist das die Er - de, von der wir sa - gen, sie sei so schön? Wir kla - gen an.

Männer

Ky - rie e - lei - son, Ky - rie e - le - i - son, Ky - rie e - lei - son, Ky - rie e - lei - son, Ky - rie e - le - i - son.

E Wir klagen sie alle an:
Die Geldverdiener, die Macher.
Die Erfinder, die Forscher.
Die Verbraucher und Genießer.

Wir klagen sie an.
Die Produzenten, die Bankiers.
Die Militärs. Die Politiker.
Alle die blinden Zerstörer und Vernichter
deiner Erde.
Deiner Schöpfung.

Wir klagen sie an: die Christen unter ihnen.
Auch die Christen sind schuldig.
Viele von den Machern und den Produzenten
und den Militärs sind Christen.
Auch von den Geldverdienern,
auch von den Verbrauchern.
Sie sagen, sie glaubten an dich, den Schöpfer.
Aber sie verhöhnen dich mit ihren
falschen Sprüchen.

Was heute die Erde zerstört,
kommt vor allem von ihnen,
sie haben es erfunden. Die Christen!
Technik. Wissenschaft. Produktion und Verbrauch.
Wir bitten dich um dein gerechtes Urteil
und um unser aller Leben.

Höre die Verzweiflung deiner Schöpfung,
die sich nach einer Erde sehnt,
die ohne Menschen ist.
Ja! Gib uns eine Erde ohne Menschen!

Text: Jörg Zink
Musik: Hans-Jürgen Hufeisen

Frauen

Ist das die Er - de, von der wir sa - gen, sie

Männer

Ky - rie e - lei - son, Ky -

sei so schön? Ist das die Er - de, von

rie e - le - i - son, Ky - rie e -

der wir sa - gen, sie sei so schön?

lei - son, Ky - rie e - lei -

Wir kla - gen an.

son, Ky - rie e - le - i - son.

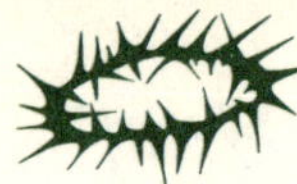

GEBET NACH PSALM 25 UND 143

E Höre uns, Gott! Nach dir rufen wir.
Wir bitten dich:
Geh nicht ins Gericht mit uns Menschen!
Denn vor dir ist keiner gerecht unter uns allen.
Wir strecken unsere Hände aus nach dir,
wie trockenes Land nach Wasser lechzt.

Verbirg dich nicht vor uns, denn unser Leben
ist in Gefahr.
Zeig uns den Weg, den wir gehen sollen,
denn zu dir wollen wir finden.
Mache unser enges Herz weit
und führe uns aus Angst und Gewalt.
Laß uns nicht zugrunde gehen an unserer Schuld.

Erbarme dich unser.

Text: Jörg Zink
Musik: Hans-Jürgen Hufeisen

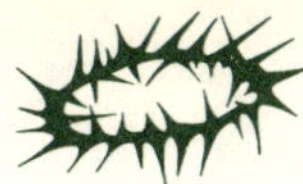

LESUNG

E Wir lesen in den Klageliedern des Jeremia:

Ach, du Tochter Jerusalem, du Mutter Erde,
wem soll ich dich vergleichen?
Wie soll ich dich trösten?
Denn dein Schaden ist groß wie das Meer.

Wer kann dich heilen?
Die Propheten der Menschen haben törichte
und trügerische Gesichte verkündigt
und ihnen ihre Schuld nicht gezeigt.

Schreie laut, klage, du Mutter Erde,
laß Tag und Nacht Tränen herabfließen
wie einen Bach.
Schütte dein Herz aus vor Gott wie Wasser.
Hebe deine Hände zu ihm auf
um des Lebens deiner Kinder willen,
der Pflanzen und der Tiere,
die vor Hunger und Elend zugrunde gehen überall.

Text: Jörg Zink
Musik: Hans-Jürgen Hufeisen

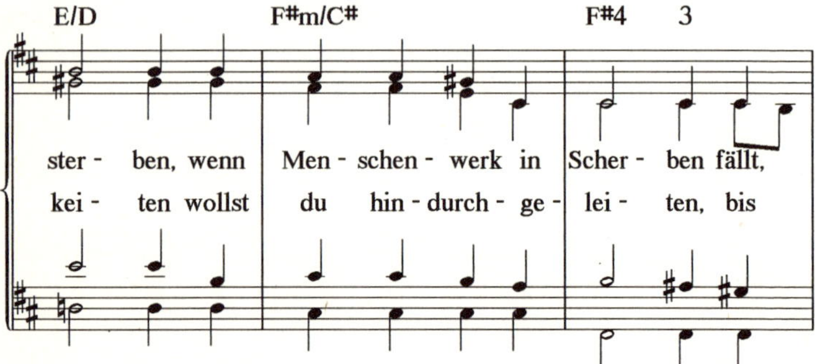

E Wir lesen im Propheten Joel:

Höret dies, ihr Menschen.
Horchet auf, ihr Bewohner der Erde.
Wehklaget! Verwüstet ist das Feld,
es trauert der Acker,
die Ernte des Feldes ist dahin.

Der Weinstock ist verwelkt,
verdorrt sind die Bäume des Feldes,
und entschwunden ist die Freude aus den Herzen.
Verdorben sind die Samenkörner
unter den Schollen,
verödet die Speicher,
die Scheunen sind verfallen.

Alle Bewohner des Landes sollen erbeben,
denn der Tag der Strafe kommt, er ist nahe.
Wie der Garten Eden war das Land, ehe sie kamen,
und nach ihnen ist nichts als Öde und Wüste,
nicht einen Rest haben sie übriggelassen.

dreimal singen

Text: Jörg Zink
Musik: Hans-Jürgen Hufeisen

Hei - lig bist du, frem - der Gott. Hei - lig bist du, Quell auch des Dun - kels. Hei - lig bist du, der du lei - dest wie wir.

STILLE ODER GEMEINSAME GESTE

LESUNG NACH JOHANNES 1 UND 12

E Das Licht schien in der Finsternis,
aber die Finsternis hat es nicht aufgenommen.
Das war das wahre Licht,
das alle Menschen erleuchtet.
Er war in der Welt,
durch den die Welt gemacht ist,
aber die Welt erkannte ihn nicht.
Er kam in sein Eigentum,
doch die Seinen nahmen ihn nicht auf.
Auch nicht die Christen.

Das Licht,
sagte Christus in jenen letzten Tagen seines Lebens,
ist noch eine kleine Weile bei euch.
Was ihr tut, das tut im Licht,
solange ihr es habt,
damit euch die Finsternis nicht verschlingt.
Wer in der Nacht geht, sieht seinen Weg nicht.
Nützt das Licht, solange es Tag ist,
damit in euch und um euch her Licht ist.

zweimal durchsingen

Text: Jörg Zink
Musik: Hans-Jürgen Hufeisen

Und zur sech - sten Stun - de kam ei - ne Fin - ster - nis ü - ber das gan - ze Land bis zur neun - ten Stun - de, und die Son - ne ver - lor, ver - lor, ver - lor ih - ren

ad lib.

Schein.

LESUNG NACH MATTHÄUS 27

E Und in der neunten Stunde rief Jesus laut:
„Mein Gott, mein Gott, warum hast du mich verlassen?"
Und der Vorhang im Tempel zerriß in zwei Stücke von oben bis unten.
Und Jesus schrie laut auf und verschied.

Uns aber bleibt nichts, als uns am Abend der Erde, in Tod und Untergang, ihm anzuvertrauen.

BIBLISCHE REDE

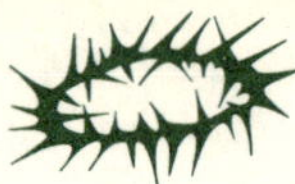

Text: Jörg Zink
Musik: Hans-Jürgen Hufeisen

Am Am Em Dm/F G C

1. Der A - bend kommt, nun en - den uns - re We - ge.
2. Die Nacht ist tief. Sie hält das Herz ge - fan - gen.

Am Am Em Dm/F G C

Du Gott der Stil - le, dei - nen Frie - den le - ge
Wo wir auf dun - klen We - gen irr - ge - gan - gen,

Am Em Dm C4 3 G/H

auf un - ser Haus und auf das dun - kle Land,
führ du uns selbst, daß neu dein Tag be - ginnt

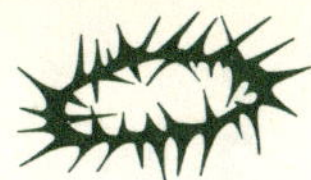

3. Die Nacht ist bang. Gib uns, daß Frieden werde.
   Sieh diese arme, leidzerrissne Erde!
   Du Gott des Friedens, ende allen Streit.
   Mach uns zu Friedensboten dieser Zeit.

4. Es kommt dein Morgen. Bleib mit deiner Güte
   bei allen Menschen. Schütze und behüte,
   was du erschaffen, bis dein Tag anbricht
   und wir dich schaun, dich und dein helles Licht.

NACH PHILIPPER 2

E Ich suche meinen Weg, o Gott,
und taste nach seinem Sinn.
Ich schaue den Weg an, den Christus ging,
und suche deine Weisung für mich.
Göttlich war Christus wie du, Gott.
Aber er bewahrte sich keine Macht
und behielt sein göttliches Wesen nicht. –
Arm ward er und machtlos.

Er nahm die Gestalt eines Knechts an
und wurde ein Mensch unter Menschen.
In meiner Gestalt erschien er.
Tief stieg er hinab bis zum Tod,
ja zum Tode am Kreuz.
Darum hobst du ihn, Gott, über alles empor
und setztest ihn über alles, was lebt,
über Menschen und Mächte.
Denn in ihm sollen sie alle sich finden
und seine Liebe erkennen im Himmel,
auf der Erde und unter der Erde.
Ich suche meinen Weg, o Gott, und finde ihn
in Christus, der mir vorausging.

Text: Strophe 1: Paul Gerhardt 1607–1676
Strophe 2–4: Jörg Zink
Chorsatz: Johann Sebastian Bach 1685–1750

2. Wenn diese Erd zugrunde
geht in den Untergang,
wenn ihre Sterbestunde
sich hindehnt lang und bang,
wenn Glaub und Lieb ermatten,
wenn aller Hoffnung Licht
stürzt in des Todes Schatten,
dann, Gott, verlaß uns nicht.

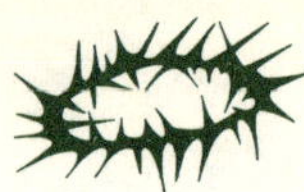

3. Dann zeige uns aufs neue
voll Licht und unverletzt
das Zeichen deiner Treue,
groß ins Gewölk gesetzt.
Zeig, wie dein Regenbogen
die Schrecken überspannt,
voll Farben hingezogen,
gemalt von deiner Hand.

4. Kein Ängsten und kein Leiden
hat dann in uns die Macht,
kein Trennen und kein Scheiden
und keine Mitternacht.
Laß deinen Morgen tauen,
daß, wenn der Nebel reißt,
wir dich in Wahrheit schauen,
erfüllt von deinem Geist.

SEGEN

E Du Quelle des Segens, segne uns.
Du Quelle der Kraft, stärke uns.
Du Quelle der Liebe, wecke uns,
alle deine Geschöpfe zu lieben.

So spricht der dreieinige Gott euch zu:

Ihr seid gesegnet.
Ich gebe euch Kraft.
Ich erwecke euch zur Liebe.
Geht nun und tut,
was die Liebe euch heißt.
Ich werde bei euch sein,
an jedem Tag. Amen.

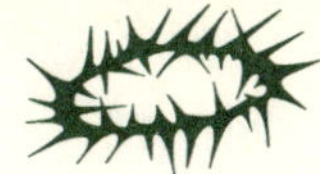

Alternativen

Text: Jörg Zink
Musik: Hans-Jürgen Hufeisen

Dm Intro Bb D/A A A/G

Dm/F C7/E Dm Gm F/C A

Dm **Refrain** Bb D/A

Mein Gott, ich kla - ge dir mei - nen

A A/G Dm/F C7/E Dm

Zu - stand. Ich re - de von dir und

Gm F/C A Dm Bb

füh - le mich den - noch ver - las - sen.

D/A A **Vers 1** A/G Dm A Dm F

Ich möch - te dir ver - trau - en und

A A4 Dm A7

äng - ste mich den - noch. Ich re - de zu dir und

A7 F Bb/F Gm

weiß doch nicht, ob du mich hörst.

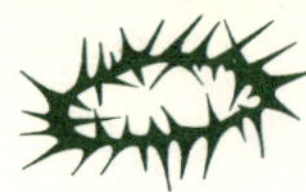

Dm Bb D/A
Refrain
Mein Gott, ich kla - ge dir mei - nen

A A/G Dm/F C7/E Dm
Zu - stand. Ich re - de von dir und

Gm F/C A
füh - le mich den - noch ver - las - sen.

Dm Bb Dm C
Vers 2
Ich möch - te dei - nen Wil - len er -

G D Bb Gm A7 Dm A Dm
fül - len und weiß doch nicht, was ich tun soll. Ich

Dm A F Gm/Bb F
weiß, daß du mich führst, und se - he den - noch

Bb Gm Gm A/G Dm/F
kei - nen Weg. Ich weiß, daß mein Ge -

Am Gm Dm Bb F
schick von dir kommt und kann es nicht an - neh - men.

Dm Bb D/A
Refrain
Mein Gott, ich kla - ge dir mei - nen

A A/G Dm/F C7/E Dm
Zu - stand. Ich re - de von dir und

Gm F/C A
füh - le mich den - noch ver - las - sen.

Dm Bb D/A A A/G F C Bb F C
Vers 3
Ich weiß, daß du mir Licht zu - ge -

F Dm Am Dm G/H Am
dacht hast, und ver - sin - ke in mei - nen

F Am F C
dunk - len Ge - dan - ken. Ich weiß, daß du mir

Bb F C F Dm Am Dm
Frei - heit be - stimmt hast, und füh - le

G/H Am F Am
mich den - noch wie ge - fan - gen. Ich

F C7 Bb F F
weiß, daß dein Zeit - plan an - ders ist als der

Dm Am Dm G/H Am
mei - ne, und ha - be den - noch

F Am
Trommelsolo
kei - ne Ge - duld.

Dm Bb D/A
Vers 4
Es ist leer in mir. Ich wie - der - ho - le die

A A/G Dm/F C7/E Dm
Wor - te, die ich frü - her ein - mal ver - stan - den hat - te. Ich

Gm F/C A A
weiß, daß du mich nicht ver - las - sen wirst.

Dm Bb D/A A Dm A7
Vers 5
Nein, mein Gott, ich

A D/A D
weiß es nicht. Ich glau - be es. Ich

Em13 E4 Em13 F#4 F# F# F#7 G Hm
möch - te es glau - ben. Hilf mir.

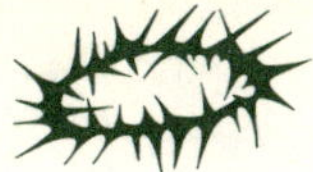

Text und Musik: Hans-Jürgen Hufeisen

Refrain

Am Am
Zum Trau - er - lied ward mir die Lau - te, zu

Am/F# F#
lau - tem Wei - nen die Schal - mei. So

Em Am
klag - te ich mein Leid und schau - te auf

H7 1. F# 2. Em
die zer - riss - ne Welt und Zeit. Zum Zeit.

Vers

Em Em F#/E C/E C/D
Mein Herz schlägt die Trom-mel der Trau - er.

C C/Bb Am D/A
Die Trau - er um - hüllt uns - re Welt.

D Am E7 Am E7 Am E7
Wer hört sie, wer hört sie, wer hört? ______

2. Meine Seele singt Lieder der Ohnmacht.
Sie sehnt sich nach Würde und Kraft.
Wer heilt sie, wer heilt sie, wer heilt?
Refrain

3. Die Jahre, sie formen Gesichter,
Gesichter im Bilde von Gott.
Wer schützt sie, wer schützt sie, wer schützt?
Refrain

Vom sakramentalen Umgang mit der Erde

FEIERABENDMAHL

VORSPRUCH

E Im Namen des Vaters und des Sohnes und des Heiligen Geistes.
Wir treten in das Haus ein,
das seine Güte uns bereitet hat.
Wir treten an seinen Tisch,
auf dem seine Gaben liegen, von denen wir leben,
das Brot und der Wein.
Wir sammeln unsere Sinne und Gedanken
auf das Geheimnis seiner Gegenwart.

Text: Jörg Zink
Musik: Hans-Jürgen Hufeisen

2. Atme ich die Winde ein,
atme aus,
wirst du um mich, in mir sein,
auch die Lüfte sind dein Haus.

3. Hebe ich den Becher Wein,
tief und klar,
werde ich im dunklen Schein
dein geheimes Bild gewahr.

4. Wenn ein Wort von dir erklang,
fremd und leis,
wirst du, Stimme, mein Gesang,
dir zur Antwort, dir zum Preis.

5. Wenn das Dunkel um mich fällt,
weich und sacht,
träumst du in mir, Haupt der Welt,
deine Bilder durch die Nacht.

MEDITATION

E Wir kommen in dein Haus, o Gott.
Wir kommen an deinen Tisch.
Wir kommen, deine Gaben zu empfangen.
Dein Haus, das du uns Menschen öffnest,
ist die Erde.
Dein Tisch, an dem du uns bewirtest,
ist die Fruchtbarkeit des Feldes,
die Kraft des Ackerbodens.
Die Gaben, die du uns anbietest,
sind die Früchte deiner Erde.

Aber wir haben dein Haus verwüstet.
Wir haben die Erde zerstört.
Wir haben deinen Tisch abgeräumt.
Die Ackerböden werden unfruchtbar.
Wir haben deine Gaben verdorben.
Das Gift, mit dem wir die Erde anfüllen,
ist in allem, was auf ihr wächst.

E Dein Haus, Gott, ist ein Haus für alle deine Geschöpfe.
Wir aber tun so, als gehörte es uns allein.
Dein Tisch war gedeckt für alle deine Kinder,

die Pflanzen und die Tiere.
Wir haben uns an ihm breit gemacht,
als gehörte er uns allein.
Deine Gaben haben wir an uns gerissen,
als gehörten sie uns allein.
Erbarme dich aller deiner Kinder.

Text: Altkirchlich
Musik: Hans-Jürgen Hufeisen

Text: Altkirchlich
Musik: Hans-Jürgen Hufeisen

E Ich lese ein Wort Jesu, von dem wir glauben möchten, daß es uns noch gilt:

Kommt her zu mir, die ihr mühselig
und beladen seid, ich will euch erquicken.
Ich will euch an meinem Tisch empfangen
und Frieden schließen mit euch.
Kommt her. Ich breche für euch das Brot.
Kommt, ich biete euch den Wein.

Brecht das Brot nun mit allen, die seiner bedürfen.
Gebt von dem Wein meines Fests allen Wesen
der Erde.

LESUNG NACH MATTHÄUS 5

E Christus spricht:

Selig sind, die arm sind vor Gott
und alles von ihm erwarten.
Ihrer ist sein Reich.

Wir sind ärmer als wir wissen,
wenn du uns nicht an deinem Tisch bewirtest.
Mache uns zu deinen Gästen.

Selig sind, die Leid tragen,
auch und vor allem das Leid,
das ihre Schuld ihnen bereitet.
Die es hilflos erleiden in deiner Kraft.
Selig sind sie,
denn es soll ihnen in Segen verwandelt werden.

Text: Jörg Zink
Musik: Hans-Jürgen Hufeisen

einstimmig

E Selig sind, die geduldig sind und freundlich,
sie werden der Erde wohltun.
Selig sind, die warten und hoffen, bis Frucht wächst,
die deiner Weisheit vertrauen
und keiner Gewalt bedürfen.

Selig, die hungert und dürstet
nicht nur nach Brot und Wein,
sondern nach deiner Gerechtigkeit.
Sie sollen satt werden.
Sie werden denen Gerechtigkeit schaffen,
die das Unrecht und die Gewalt der Menschen
erleiden.

Kanon, zweistimmig

Text: Jörg Zink
Musik: Hans-Jürgen Hufeisen

E Selig sind die Barmherzigen.
Sie werden Barmherzigkeit erlangen.
Glücklich, die das Leid der Geschöpfe
dieser Erde auf ihr Herz nehmen,
die ein Ohr haben für ihre Verzweiflung,
eine Hand für die hilflose Schwäche.
Sie werden Barmherzigkeit erlangen.

Selig sind, die reines Herzens sind,
sie werden Gott schauen.
Rein sind die Herzen, die Liebe haben
für die Angst und das Elend seiner Schöpfung,
und ihn schauen in ihrem Leid.

Text: Jörg Zink
Musik: Hans-Jürgen Hufeisen

Kanon zu vier Stimmen

E Selig sind, die Frieden schaffen,
sie sind Töchter und Söhne Gottes.
Selig, die den Krieg beenden,
den wir Menschen gegen die Erde führen.
Selig sind die Schutzlosen, deren Hände schützen,
sie spiegeln dich auf dieser Erde.

Selig sind, die verfolgt werden,
weil sie Gerechtigkeit schaffen wollen.
Sie leiden, wie die Erde leidet.
Sie werden verfolgt wie du, Christus.
Sie werden leben aus deinem Geist.

STILLE ODER GEMEINSAME GESTE

BIBLISCHE REDE

Text: Jörg Zink
Musik: Hans-Jürgen Hufeisen

dreimal singen

EINSETZUNGSWORTE

E In der Nacht, da er verraten ward
und mit seinen Jüngern zu Tische saß,
nahm Jesus das Brot, sagte Dank und brach's,
gab's seinen Jüngern und sprach:
Nehmet, esset; das ist mein Leib,
der für euch gegeben wird.
Das tut zum Gedenken an mich.

Danach nahm er den Kelch, sagte Dank,
gab ihnen den und sprach:
Trinket alle daraus,
das ist der neue Bund, mein Blut,
das für euch und für viele vergossen wird
zur Vergebung der Sünden.
So tut zum Gedenken an mich.

Text: Jörg Zink
Musik: Hans-Jürgen Hufeisen

E C/E D/E E
In dir, Gott, zu sein, ist

Am E4 E Am
al - les, was wir er - bit - ten, auf uns - ren ir - ren - den

Dm G E C D E Am
Schrit - ten. Hül - le uns ein.

2. Du siehst unsre Not,
du Trost der leidenden Erden.
So gib uns, Tröster zu werden.
Mach uns zu Brot.

3. Die Fülle ist dein.
So gib uns, daß wir dir gleichen,
freundlich dem Dürstenden reichen
goldenen Wein.

GEBET ZU BROT UND WEIN VON REINHOLD SCHNEIDER

E Du bist das Brot, vom Altar strömt dein Leben
in unser irdisch Leben ein.
Willst du dem Tische deinen Segen geben,
soll auch der Tisch geheiligt sein.
Was wir empfangen, wollen wir erheben,
wie du beim heil'gen Mahl getan.
Laß alle leben, Herr, von deinem Leben,
nimm auch die Toten gnädig an.

WORTE ZUM TEILEN VON BROT UND WEIN

E Nimm das Brot, die Frucht dieser Erde,
den Leib Christi, und empfange das Leben aus ihm.

Nimm den Kelch und trinke,
das Zeichen der Liebe,
die sich für dich dahingegeben hat,
und das Zeichen des Fests, das kommt.

INSTRUMENTALMUSIK ZUM TEILEN

Text: Philipp Nicolai 1556–1608
Musik: Johann Sebastian Bach 1685–1750

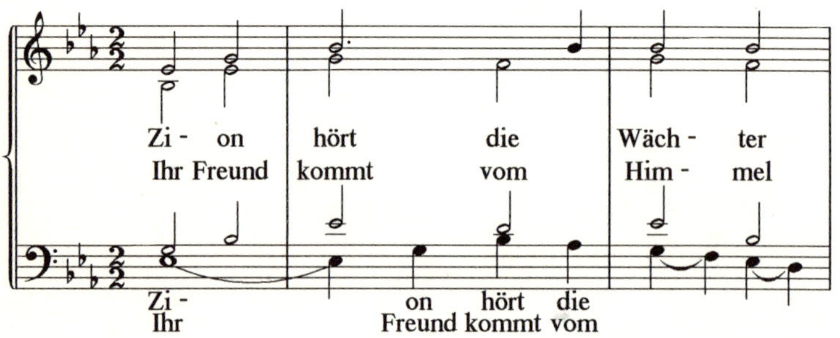

sin - gen, das Herz tut
präch - tig, von Gna - den
ihr vor Freu - de sprin - gen, sie
stark, von Wahr - heit mäch - tig, ihr
wa - chet und steht ei - lend auf.
Licht wird hell, ihr Stern geht auf.
Nun komm, du wer - te Kron,

Herr Je - su, Got - tes Sohn!
Ho - si - an - na! Wir
fol - gen all zum Freu - den - saal und
hal - ten mit das A - bend - mahl.

2. Gloria sei dir gesungen
mit Menschen- und mit Engelszungen,
mit Harfen und mit Zimbeln schön.
Von zwölf Perlen sind die Tore
an deiner Stadt, wir stehn im Chore
der Engel hoch um deinen Thron.
Kein Aug hat je gespürt,
kein Ohr hat je gehört
solche Freude.
Des jauchzen wir und singen dir
das Halleluja für und für.

GEBET

E Du Gott, der uns in Brot und Wein begegnet,
wir preisen dich,
wir beten dich an,
wir rühmen deine Herrlichkeit.

Wir freuen uns an dem festlichen Tag,
den wir aus deiner Hand empfangen.

Wir danken dir für das Mahl
und für allen Überfluß, den wir genießen.

Wir danken dir für den Trank,
Sinnbild und Zeichen des Fests.

Wir danken dir für alle Liebe, die uns umgibt,
für alle Nähe von Menschen, die wir lieben.

Wir freuen uns über alles, was gelingen darf,
und glauben dir, daß zuletzt unser ganzes Leben
gelingen wird,

wenn wir nach aller Mühe
dein Fest feiern in Ewigkeit.

Für uns und alle Geschöpfe dieser Erde sprechen
wir das gemeinsame Gebet:

A Vater unser

Text: Jörg Zink
Musik: Hans-Jürgen Hufeisen

2. In dir liegt meines Weges Sinn.
In dir soll alles, was ich bin
und was ich tun will, gründen.
In dir ist meiner Mühe Ziel.
Von dir will ich mit Fest und Spiel
in dunklen Zeiten künden.
Wenn du mich einst von mir befreit,
dann soll in deine Herrlichkeit,
was immer mein war, münden.

SEGEN

E Freut euch in Gott allezeit,
und noch einmal sage ich:
Freut euch!

Laßt eure Güte ausstrahlen
zu allen Menschen.
Christus ist nahe.

Sorget nichts,
bittet Gott um alles,
was euch fehlt, und dankt ihm.

Und der Friede Gottes,
der höher ist als alle Vernunft,
bewahre eure Herzen und Sinne
in Christus Jesus. Amen.

Die neue Schöpfung

VORSPRUCH

E Im Namen des Schöpfers dieser Erde.
Im Namen Jesu, des Christus.
Im Namen seines lebenschaffenden Geistes.

Der sechzehnte Psalm singt:

Gott steht mir zur Seite. Ich wanke nicht.
Darum freut sich mein Herz,
und meine Seele ist fröhlich.
Er wird mich nicht im Tode lassen.
Er zeigt mir den Weg zum Leben.
Wenn ich ihn schaue, habe ich Freude in Fülle
und Wonne in Ewigkeit.

Text: Jörg Zink
Musik: Hans-Jürgen Hufeisen

G D D F#
Ein Mor - gen leuch - tet hell ins Land, den

D Hm Em Hm A/C# Em
Gott vom Him - mel dir ge - sandt. Ste - he,

G/H D D4/A D/A A A D
ste - he, daß die Nacht ver - ge - he.

Hm Hm Em
Refrain
Laßt uns en - den al - le Kla - gen,
Laßt uns mit den Ler - chen sin - gen,

2. Der Morgen ruft mit leiser Stimm:
   Was Gott dir sagt, o Mensch, vernimm!
   Höre! Höre,
   daß dich nichts beschwere.
   REFRAIN

3. Der Morgen gibt dir weiten Raum.
   Wach auf, steh auf aus Nacht und Traum.
   Singe! Singe,
   daß der Tag gelinge.
   REFRAIN

MEDITATION

E Gott legt uns zwei Wege vor.
Den Weg zum Leben und den Weg zum Tod.
Erinnert euch der Geschichte:
Es war ein Mensch, der hatte einen Feigenbaum,
der trug keine Frucht.
Da sprach er zum Gärtner:
Haue ihn ab, wozu saugt er das Land aus?
Aber der Gärtner sprach: Herr, noch dies Jahr!
Laß ihn noch dies Jahr,
vielleicht bringt er danach Frucht.
Wenn nicht, so haue ihn danach ab.

ZUM GEBET STEHEN ALLE AUF

E Wir schauen über die Erde hin
nach den vier Richtungen,
in denen unsere Seele lebt.
Nach den Richtungen,
in denen unsere Schuld vor aller Augen liegt,
und bitten dich, Gott, uns nicht zu verlassen.

ALLE WENDEN SICH NACH NORDEN

E Wir schauen nach Norden,
wo die Nacht ist, auch die Nacht in uns selbst.
Wir haben dich und uns selbst verloren.
Wir bitten dich, komme aufs neue zu uns
und wandle uns in Bilder deiner Barmherzigkeit.

Text: Jörg Zink
Musik: Hans-Jürgen Hufeisen

ALLE WENDEN SICH NACH WESTEN

E Wir schauen nach Westen, wo die Sonne untergeht.
Wir sehen die Gefahr, daß alles zu Ende geht.
Wir ahnen beim Blick in den Untergang
die Kostbarkeit des Lebens aller deiner Geschöpfe.

Text: Jörg Zink
Musik: Hans-Jürgen Hufeisen

ALLE WENDEN SICH NACH SÜDEN

E Wir schauen nach Süden,
woher dein Licht kommt, deine Kraft.
Wir möchten etwas tun,
mit behutsamer Hand und sorgsamem Herzen.
Etwas, das deine Schöpfung heilt.
Heile du zuvor uns selbst.

Text: Jörg Zink
Musik: Hans-Jürgen Hufeisen

ALLE WENDEN SICH NACH OSTEN

E Wir schauen nach Osten,
wo dein Tag anbricht.
Wir sehnen uns nach Licht,
nach Klarheit und Weisheit.
Wir sehnen uns nach dem Leben,
das du auferstehend gestiftet hast.

Text: Jörg Zink
Musik: Hans-Jürgen Hufeisen

E Christus ist auferstanden.
Wir sind mit ihm auferstanden.
Wir werden mit ihm auferstehen.
Die ganze Schöpfung wird auferstehen mit uns.
Sein ist das Reich.

ALLE KÖNNEN WIEDER PLATZ NEHMEN

Text: Jörg Zink
Musik: Hans-Jürgen Hufeisen

Eb Bb Eb Ab Gm Bb
Ich möch - te ein Lied ver - su - chen,

Ab Eb Eb Bb Ab Eb
mein Lied. Ich möch - te dich rüh - men,

Cm Cm Fm Bb Ab
des - sen Stim - me ich hö - re im Ge -

Bb/Ab Eb/G Cm Fm G Ab/C
sang, im Ge - sang, im Ge - sang al - ler Din -

Eb Ab Bb/Ab Eb/G Cm Fm
ge, im Ge - sang, im Ge - sang, im Ge -

G Eb/Bb Bb Eb
sang al - ler Din - ge.

GEBET

E Gerühmt seist du, Bildner der Erde und ihrer Kraft.
Gerühmt seist du, Glut im Feuer,
Geist im Wehen des Windes,
Weisheit im Wirken der Wasser.

Gerühmt seist du,
Ursprung und Quelle alles Lebendigen,
aller sichtbaren und unsichtbaren Wesen.
Im Abglanz unserer Lichter
und im Spiegel unserer Bilder
schaue ich dein Feuer.

Ich bin eine Stimme unter deinen Geschöpfen.
Ich bringe, was ich empfange,
auf dem kurzen Weg, den ich gehe.

Erde, Feuer, Wind und Wasser,
sie alle haben ihr Geheimnis aus dir.
Ich empfange es von ihnen
und gebe ihnen meine Melodie und mein Wort
in der Sprache des Herzens.
Ich selbst bin Erde, Feuer, Wind und Wasser.
Sie kreisen in mir
und singen in mir ihren Gesang.

Text: Jörg Zink
Musik: Hans-Jürgen Hufeisen

mein Lied.
Ich möch - te dich rüh - men.
im Ge -
des - sen Stim - me ich hö - re im
im Ge -
sang, im Ge - sang, im Ge -
im Ge - sang, im Ge - sang
Ge - sang, im Ge - sang, im
sang, im Ge - sang, im Ge -

sang al - ler Din - ge, im Ge -
al - ler Din - ge,
Ge - sang al - ler Din - ge, im
sang al - ler Din - ge, im Ge -

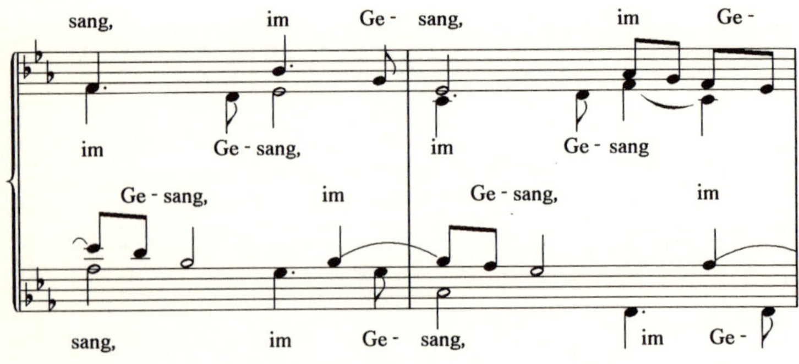
sang, im Ge - sang, im Ge -
im Ge - sang, im Ge - sang
Ge - sang, im Ge - sang, im
sang, im Ge - sang, im Ge -

sang al - ler Din - ge.
al - ler Din - ge.
Ge - sang al - ler Din - ge.
sang al - ler Din - ge.

MEDITATION

E Die Erde singt mir vor.
Sie preist deine Güte, Gott,
in der Fülle ihrer Gestalten,
deiner unerschöpflichen Gedanken.
Ich nehme ihr Lied auf
und gebe ihm in meiner Liebe seinen Klang.

Das Feuer singt,
es preist dich, der Licht ist und Finsternis,
der Tag und die Nacht.
Ich preise dich mit ihm
und möchte Licht und Brand sein in dir.

Der Wind atmet seinen Gesang.
Er führt mich zu meinem Ziel,
und auf dem Weg preise ich dich,
der du Weg bist und Geist, gegenwärtig in mir.

Das Wasser singt,
es singt von deiner Weisheit und wandelnden Kraft.
Was liegt an mir?
Ich will gerne zu den Narren gehören,
die ihren Namen schreiben in die Wellen
des Wassers.

STILLE ODER GEMEINSAME GESTE

Kanon zu vier Stimmen — Text und Musik: Hans-Jürgen Hufeisen

1. C G Am Em F C F G

Hal - le - lu - ja, Hal - le - lu - ja,

2. C G Am Em F C F G

Hal - le - lu - ja, Hal - le - lu - ja.

3. C G Am Em

Die Tö - ne al - ler Men - schen su - chen ei - nen

F C F G

Raum. Im Spiel der Völ - ker - klän - ge wächst ein Traum.

4. C G Am Em

Singt das Lied hin - aus. At - met Lie - be ein.

F C F G

Teilt die Freu - de aus. Gott wird mit uns sein.

GEBET

E Ich preise dich, Christus.
Du bist alle Tage bei uns auf dieser Erde.
Verläßlich wie der Grund, auf dem ich stehe.

Du bist das Licht der Welt,
und ich nehme von deinem Licht.
So wird es licht in meiner Dunkelheit.

Du bist die Stimme, die meinen Namen ruft,
wie der Urklang im Sturm des Anfangs.

Du bist die Quelle des Lebens.
Ich schöpfe aus dir, bis ich selbst Quelle bin,
aus der ewiges Licht quillt.

Schönheit ist ausgebreitet um mich her,
über mir, unter mir bist du, Gott der Schönheit.
Ich bin ganz eingetaucht in dich.

Als Kind hast du mich gerufen.
Seitdem höre ich dich. Und im Alter
gehe ich ruhigen Herzens deinen Pfad.

Ich versuche mein Lied.
Ich singe es in den Wind
und lasse es verklingen in dir.

Text: Jörg Zink
Musik: Hans-Jürgen Hufeisen

Cm Eb Ab/Eb Eb

Lie - der. Ver - zehr dich nicht mit Sor - gen von
Far - ben. Ver - zehr dich nicht mit Sor - gen von

Bb Eb Cm Fm

mor - gen, viel - mehr schau auf das Reich
mor - gen, viel - mehr be - wahr das Reich

G4 G Eb Ab/Eb Eb

Got - tes und flieg wie die Vö - gel, die
Got - tes und blüh wie die Blu - men, die

Bb/D Eb Cm Ab Eb Fm G

Vö - gel un - ter dem Him - mel. Wir
Blu - men frei auf den Fel - dern. Wir

Cm Cm Fm/C C4 Cm

bit - ten Gott um sei - nen Geist. ____
bit - ten Gott um sei - nen Se - gen.

Bb/D Bb 1 Gm 2 Eb

Hal - le - lu - ja. ____ Wir ja. ____
Hal - le - lu - ja. ____ Wir ja. ____

LESUNG NACH OFFENBARUNG 21

E Ich schaute, schreibt Johannes,
der Seher von Patmos:

Ich schaute einen neuen Himmel
und eine neue Erde.

Der vorige Himmel und die vorige Erde
waren vergangen, Erde und Meer.

Ich sah, wie der Friede sich ausbreitete
in unserer Welt.

Von Gott her hörte ich
eine mächtige Stimme:

Sieh her! Hier wohnt Gott
bei den Menschen.

Er wird alle Tränen abwischen
von ihren Augen.

Kein Tod wird mehr sein,
kein Leid, kein Geschrei, kein Schmerz.

Denn was war,
ist vergangen.

Schaut auf, spricht Gott:
Ich mache alles neu.

BIBLISCHE REDE

Gm Dm Cm G

Mei - ne Blu - me lacht ganz lei - se,
Sie wird Pflan - zen, Tie - ren, Men - schen

Eb Dm G

wenn die Knos - pe sich mir öff - net.
blü - hen, duf - ten und er - zäh - len

1\. Gm F Gm Bb

von dem Frie - den, den wir brau - chen,

2\. Gm F Gm Bb

um zu sin - gen wie ein Vo - gel:

3\. Gm F Gm Bb

Al - len soll das Le - ben blü - hen!

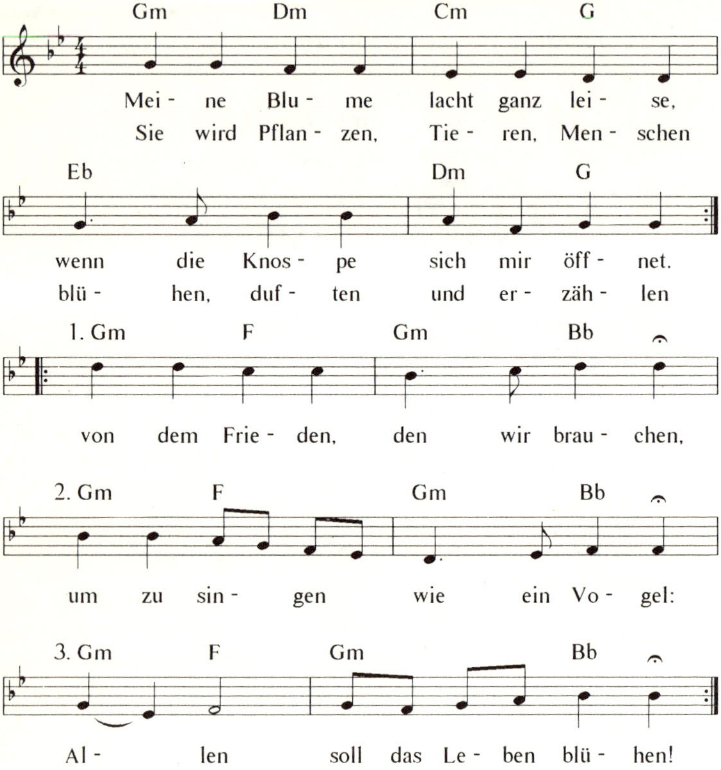

2. Und die Lerche singt noch schöner,
wenn mein Herz die Trommel schlägt.
Sie wird Liebeslieder schreiben
in den Bäumen und am Himmel
für die Hoffnung, die wir brauchen,
um zu singen wie ein Vogel:
Allen soll das Leben blühen.

3. Wenn mich Flügel zärtlich streicheln,
weiß ich, daß mein Engel jubelt.
Er wird, über meine Träume
wachend, mit der Laute spielen –
für die Liebe, die wir brauchen,
um zu singen wie ein Vogel:
Allen soll das Leben blühen.

GEBET

E Du Gott, den unser Meister
Jesus Christus uns gezeigt hat,
es war dein Wille, damals,
daß die Gelähmten aufstehen
und auf neuen Wegen gehen.
Es war dein Wille,
daß die Blinden die Augen auftun,
die Gekrümmten sich aufrichten,
daß die Trauernden tanzen,
die Toten aus ihren Gräbern kommen,
um mit Leib und Seele zu leben.

Wir vertrauen dir,
daß deine Hand noch einmal eingreift,
daß wir nach einer schrecklichen Weltgeschichte
noch einmal Licht sehen,
nach allem zehrenden Hunger nach Gerechtigkeit
an deinem Tisch satt werden,
daß deine Schöpfung noch einmal aufsteht
und in dein Reich eintritt,
das Reich deiner Barmherzigkeit.

Du hast gesagt, Christus:
Ich bin die Auferstehung und das Leben.
In dir kämpft das Leben gegen den Tod.
Gib nun auch durch unsere Bemühung Leben,
wo Tod ist, denn wir sind dein. Amen.

Text: Jörg Zink
Musik: Hans-Jürgen Hufeisen

D G D
Wenn die Son - ne steigt, wenn sie sich wen - det,

D G D
bist du um mich wie der Lüf - te We - hen.

G A F#m F#m
Wenn ein Tag be - ginnt und wenn er en - det,

G A Hm A G D
wird, mein Gott, nichts oh - ne dich ge - sche - hen.

D Refrain A D
Al - le mei - ne Quel - len sind in dir.

Hm A Hm
Al - le mei - ne Kräf - te, all mein Le - ben.

G A Hm F# Hm
All mei - ne Lie - be ist von dir ge - ge - ben.

Em C D/C G/H D/A A4 A7 D
Du bist al - les, Gott, du lebst in mir.

2. Wenn ich frühe deine Schönheit preise,
schaue ich dein Bild in allen Dingen.
Wenn ich abends träume, hör ich leise
all die vielen Stimmen von dir singen.
Refrain

3. Wenn ich durch die Stunden meiner Tage
deinen Willen suche zu erfüllen,
wenn ich müde werde, wenn ich klage,
wirst du mich in deinen Frieden hüllen.
Refrain

4. Oft bist du mir abgrundtief verborgen.
Oft auch irre ich auf eignen Wegen.
Dennoch gib an jedem Abend, jedem Morgen
mir und allen Menschen deinen Segen.
Refrain

SEGEN

E Gott segne euch,
und ihr sollt ein Segen sein
für die leidende, todverfallene Welt
und alle Wesen dieser Erde.
Der Friede Gottes sei mit euch
und gehe von euch aus,
bis ihr heimkehrt in sein Reich. Amen.

Text: Jörg Zink
Musik: Hans-Jürgen Hufeisen

Wenn die Son - ne steigt, wenn sie sich wen - det,

Wenn die Son - ne steigt, wenn sie sich wen - det,

bist du um mich wie der Lüf - te We - hen.

bist du um mich wie der Lüf - te We - hen.

Wenn ein Tag be - ginnt und wenn er en - det,

Wenn ein Tag be - ginnt, wenn er en - det,

wird, mein Gott, nichts oh - ne dich ge - sche - hen.

wird, mein Gott, nichts oh - ne dich ge - sche - hen.

Refrain
Al - le mei - ne Quel - len sind in dir.

Al - le mei - ne Kräf - te, all mein Le - ben.

All mei - ne Lie - be ist von dir ge - ge - ben.
(ist von dir ge - ge - ben)

Du bist al - les, Gott, du lebst in mir.

TEIL II

Biblische Reden zu den vier Liturgien für die Erde

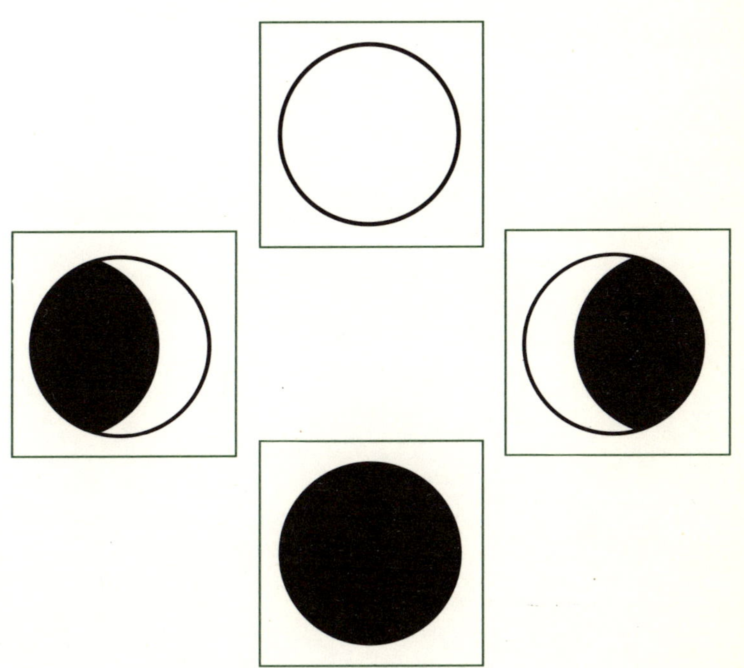

Zu
Freude am Ursprung

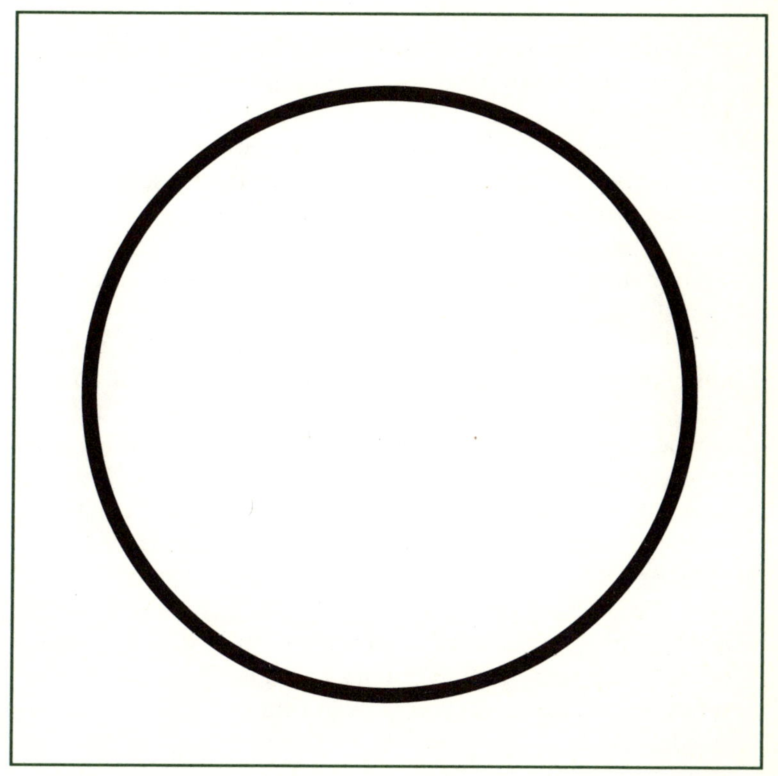

1. FÜLLE DES LEBENS

„Deine Seele wird sein wie ein wasserreicher Garten und wie eine nie versiegende Quelle."

Jesaja 58, 11

Wir feiern die überwältigende Tatsache, daß das Leben der Erde so zuverlässig und so unendlich vielfältig aufbricht, wächst, blüht, gedeiht, reift und Frucht bringt und daß das alles so geordnet und von Kraft durchwirkt ist, daß wir davon leben können und die ganze Fülle der Geschöpfe um uns her und mit uns zusammen.

Daß das alles nicht selbstverständlich ist, ist uns in den letzten Jahren angesichts einer bedrohten Schöpfung wieder sehr klar geworden. Seit Jahrtausenden haben die Menschen es gewußt, und nur wir abendländischen Menschen haben es ein paar Jahrhunderte lang vergessen: daß in dieser Welt alles miteinander zusammenhängt: der Lauf der Sterne und das Leben der Erde, die Schwere der Steine und die Leichtigkeit der Blumen, die Schönheit des Wassers und die Lebendigkeit von Tier und Mensch, aber vor allem auch das Leben unserer eigenen Seele mit allem, was um uns her lebt. Alles, was innen ist, drücken wir in Bildern aus, die wir außen wahrnehmen. Alles, was wir außen wahrnehmen, bestimmt das Leben und das Gedeihen unserer eigenen Seele. Wenn Jesaja sagt: „Deine Seele wird sein wie ein wasserreicher Garten und wie eine nie versiegende Quelle", dann drückt er damit diese Spiegelung äußerer und innerer Bilder auf wunderbare Weise aus.

Wir sagen: Die Schöpfung preist Gott – und wählen damit eine der großen Fähigkeiten unserer eigenen Seele zu einem Gleichnis für das, was in der äußeren Welt um uns her geschieht. Wir sagen umgekehrt: In uns muß

Frucht wachsen, und wählen das erstaunliche und wunderbare Wachstum um uns her zum Gleichnis dessen, was in uns selbst geschehen soll oder geschieht. Eins spiegelt sich im andern, die Seele in der Welt, und die Welt in der Seele, das Weltliche und das Geistliche, das Innen und das Außen.

Wir sprechen von einer heiteren Landschaft oder von einer schwermütigen, obwohl die Heiterkeit und die Trauer in uns selbst sind und nicht in der Landschaft. Wir sprechen von einer verödeten Seele, obwohl wir damit von einer Ödnis sprechen, die wir draußen wahrnehmen, oder vom Garten einer Seele, obwohl es Gärten nur draußen gibt. Eines spiegelt sich im anderen.

Wir sprechen von der Sonne, als wäre sie ein Licht in unserer eigenen Seele, und sagen: Du bist meiner Seele Licht, oder: „Die Sonne, die mir lachet, ist mein Herr Jesu Christ." Und das sind wiederum keine Selbstverständlichkeiten, sondern Zeichen für die tiefe Verwurzelung unsres eigenen inneren Menschen in der äußeren Schöpfung. Wer darum Unsichtbares begreifen will, muß die Augen auftun und das Sichtbare wahrnehmen, und wer in die Ferne denken will, auch im religiösen Sinn in die Ferne, in der Gott ist, muß sehen, was nahe bei ihm auf dieser Erde geschieht.

Das alles aber bedeutet, daß der Riesenraum des Kosmos, das Menschenleben auf dieser Erde, die Abgründe und unendlichen Widersprüche in der Seele und schließlich der kleinste Teil der Materie auf irgendeine Weise miteinander verwandt sind und daß sie aufeinander einwirken, hin und her.

Im Evangelium lesen wir immer wieder vom Acker, vom Wachstum, von Unkraut und Mißernte oder vom Gedeihen der Frucht und vom Segen des reifen Feldes. Aber wenn Jesus solche Bilder gebraucht, dann denkt er an etwas Geistiges, das in dieser Welt wachsen und gedeihen soll, und er denkt zugleich an etwas Lebendiges, das in unserer eigenen Seele zu wachsen anfängt. Er sagt: Wenn das Reich Gottes kommt, dann nicht so, daß ihr es sehen könnt. Ihr könnt nicht sagen: Hier ist es oder dort! Denn das Reich Gottes ist innen in euch selbst.

Viele von uns sind Christen, seit sie denken können oder doch über weite Strecken ihres Lebens hin. Wir wissen, wie und wo es mit uns hinauslaufen wird. Wir wissen, daß das Dasein keine Hölle ist, sondern unser Vertrauen wert. Wir wissen, daß wir nicht nach unserer Leistung gerichtet werden, sondern nach dem Maß der Barmherzigkeit Gottes. Wir wissen, daß wir keine kurzatmigen Wesen sind, die nach ein paar Sommern für immer verschwinden, sondern unzerstörbar bewahrt in der Hand Gottes. Das alles ist viel. Und doch wünschten wir uns manchmal dringend, es möchte doch auch an uns selbst etwas sichtbar sein von der Wirkung Gottes an unserem eigenen Wesen. Und fragen uns: Was ändert sich an uns eigentlich dadurch, daß wir glauben? Was ist eigentlich in uns gewachsen in der langen Zeit? Was ist eigentlich gereift? Was ist unter der Sonne Gottes lichter und schöner geworden? Wo ist die Ernte nach so langer Bemühung?

Eines Nachts, als niemand ihn sah, ging der alte Rabbi Nikodemus zu Jesus, um mit ihm über das Reich Gottes zu reden. Aber Jesus redete nicht über das Reich Gottes mit ihm, sondern über das, was hier schon in ihm selbst geschehen müsse. Du mußt, sagte er, von neuem geboren werden. Wenn mein Wort in dich fällt und du es bewahrst, so daß es in dir Raum findet und wächst, dann entsteht in dir ein neuer Mensch wie ein Kind, dann entstehe ich in dir.

Am Ende, fügt Paulus hinzu, wird dieses Kind so erwachsen sein wie Christus selbst, und wenn du stirbst, überschreitet dieser neue Mensch, der Christus, der in dir lebt, die Grenze und kehrt heim, um von da an zu Hause zu sein.

In dir selbst also soll sich eine Art Schöpfungsgeschichte abspielen, die erzählt: Im Anfang schuf Gott Himmel und Erde. Es war dunkel über der Tiefe, die in dir selbst ist. Der Geist Gottes aber schwebte über der Unordnung. Du läßt ihn wirken, und der Gott, der die Welt schuf, verbindet dich mit den Ursprungskräften der Schöpfung. Es entsteht etwas in dir wie eine Erde, wie ein Acker, wie ein Garten. Da soll nun etwas aufwachsen, blühen und Frucht bringen. Der Geist Gottes ist über dir wie ein Regen. Nun lebe, wachse und gedeihe. „Deine Seele", sagt der Prophet, „soll sein wie ein wasserreicher Garten."

Es soll also in uns etwas wachsen, das wir nicht sehen, was aber in uns wirkt und uns lebendig macht an Geist und Herz und Seele und Leib. Und so nötig es ist, Gott zu glauben, obwohl wir ihn nicht sehen, das Reich Gottes zu glauben, obwohl es nicht sichtbar ist, die Auferstehung zu glauben, obwohl sie erst in der Zukunft geschehen wird, so nötig ist es auch, diesen neuen Menschen in uns zu glauben, trotz alles Dunklen und Schattenhaften in uns, trotz alles hoffnungslos Kranken und Krummen und Zweideutigen, das wir an uns selbst sehen. Das meiste, das in uns ist, ist uns ohnedies nicht zugänglich, und letztlich ist uns unser eigenes Geheimnis ebenso verborgen wie das Geheimnis Gottes. Im Grunde müssen wir alles, was wichtig ist in diesem Leben, glauben. Alle Liebe müssen wir glauben. Es gibt keine Beweise für sie. Den Sinn unserer Lebensarbeit müssen wir glauben, es gibt keine Erfolgskontrolle, die einem ernsthaften Maßstab standhält. Wir werden allem, was wichtig ist, erst begegnen, wenn wir einmal die Augen geschlossen und sie auf der anderen Seite neu aufgeschlagen haben. Auch uns selbst werden wir dann, so denke ich, zum ersten Mal so wahrnehmen, wie wir wirklich sind.

Wenn ich darum hier von der Schönheit dieser Erde spreche, dann ist das keine Naturschwärmerei, sondern ein Blättern in dem großen Bilderbuch, das sichtbar vor unseren Augen aufgeschlagen ist und das uns erzählt von dem, was wir nicht sehen, was unserm Geist verborgen ist, was unsrer Seele innewohnt, ohne daß wir etwas davon wissen, und das uns die große Wechselwirkung zeigt, in der das Leben auf dieser Erde sich abspielt, in dem also nicht weniger ahnbar wird als die Wahrheit. Ein großes Bilderbuch, durch das wir eigentlich hindurchschauen auf das, was für unsere Augen kein Bild hat.

Aber was muß geschehen, daß aus dem Erdreich unserer Seele etwas aufwächst? Die Bibel spricht an dieser Stelle vom Geist Gottes, dem schaffenden, dem wirkenden, aus dem auch die übrige Welt die Weisheit ihrer Ordnungen und die Fruchtbarkeit ihrer Kräfte hat. Nehmen wir an, ein Acker ist trocken. Es liegt Saat in ihm, aber sie kann nicht wachsen. Nun kommt ein Regen übers Land. Die Saat geht auf und wächst. Wenn Gottes Geist sein Werk an uns tut, dann wächst etwas in uns, dann reift etwas. Wenn Gottes Geist über uns waltet, findet unser kleines Leben einen Sinn. Versuche glücken, Werke gelingen. Die Mühe zehrt das Leben nicht aus, sie kommt als innerer Ertrag zurück. Am Ende steht nicht die Resignation, sondern eine Ernte. Ein alternder Mensch, dessen Leben gesegnet ist, geht nicht zugrunde, er reift vielmehr, wird klarer und freier. Die Bibel sagt von einem gesegneten Menschen: Er stirbt lebenssatt, wie einer von einer guten Mahlzeit aufsteht. Der Geist Gottes ist eine Kraft wie die, die wir Gnade nennen. Er kommt oder er kommt nicht, wie der Regen und die Sonne kommen oder nicht kommen.

Daß ein Mensch dem begegnet, den er lieben kann, das kann er nicht machen. Es ist Gnade. Und sein Leben wird gesegnet. Alles Begegnen ist Gnade, alles Finden und Zusammenbleiben, alle Bewahrung vor Gefahr und Unheil, aller Friede ist Gnade. Ob ein Mensch zu seiner eigenen, eigentlichen Gestalt heranreifen darf, das kann er nicht machen. Daß sein Werk gelingt, daß er bewahrt bleibt vor schwerer Verschuldung, das ist Gnade. Es ist Gnade, wenn die Kräfte des Wachstums, der Lebendigkeit, der schöpferischen Vitalität erwachen und wenn am Ende etwas bleibt, das einer dem andern weiterreichen darf.

Ob in unseren Ehen, in unseren Familien, in unseren Freundschaften etwas Bleibendes wächst, etwas, das die langen Jahre unseres Lebens hindurch hält, das ist eine Frage nicht nur an die Liebeskraft in uns, sondern auch an unsere Fähigkeit, uns offenzuhalten für das, was leise und lebenskräftig in uns eingehen und in uns Wurzeln schlagen will aus dem Geist Gottes. So, daß am Ende der Garten in uns ein Garten ist für zwei. Ein Garten für eine Familie von vier oder fünf Menschen, ein Garten, in dem sich Freunde finden und Feste gefeiert werden.

Es ist kein Zufall, daß das Pfingstfest, das vom Geist Gottes spricht, in den Sommer fällt und die sogenannte Pfingstzeit sich von da hin erstreckt bis zur Ernte. Und es ist auch kein Zufall, daß die Kirche ihr Geburtstagsfest an Pfingsten feiert. Das heißt doch, daß sie dort sichtbar und unsichtbar zugleich entstehen soll zwischen den Menschen, wo die sichtbare und die unsichtbare Welt mit ihrer Kraft und Lebendigkeit einander durchdringen und sich gegenseitig spiegeln, wo Menschen sind, die den lebenschaffenden Geist Gottes in sich eindringen lassen.

Halten Sie das fest, was immer in Ihnen selbst und um Sie her geschieht: Es soll in Ihnen etwas wachsen und reifen. Es soll Lebenskraft in Ihnen aufbrechen und von Ihnen ausgehen. Über Ihnen ist Gott wie der Himmel. Unter Ihnen ist er wie die Erde. Um Sie her wie Luft und Wind, und in Ihnen selbst wie eine Quelle, die nicht versiegt. Sie sind in ihm, und Sie leben, damit unsichtbar in Ihnen der neue Mensch entsteht, der das Leben findet, wenn der alte stirbt. Sie sind ein Garten Gottes. Nehmen Sie es an und vertrauen Sie darauf. Und Gott gebe Ihnen die Augen, die nötig sind, damit Sie das Wunder sehen, das in Ihnen geschehen soll.

„Denn Ihre Seele soll sein wie ein wasserreicher Garten und wie eine nie versiegende Quelle."

2. DER GEIST HILFT UNSERER SCHWACHHEIT

Ich lese aus dem 8. Kapitel des Briefes an die Römer:

„Gottes Geist wohnt in euch.
Der bestätigt euch, daß ihr Gottes Kinder seid.
Denn die sich von seinem Geist bewegen lassen,
die sind seine Söhne und Töchter.
Sind wir aber seine Kinder,
so haben wir Hausrecht bei ihm
und haben teil an seiner Herrlichkeit.

Darauf aber warten nicht nur wir selbst,
auch die ganze Schöpfung sehnt sich danach,
daß Gottes Herrlichkeit an uns sichtbar wird
und wir Menschen endlich als seine Söhne
in seiner Welt wirken.
Denn die Natur leidet unter dem leeren Kreislauf,
dem sie ausgeliefert ist.

Gott aber hat ihr eine Hoffnung gegeben:
Sie soll an der Freiheit teilhaben,
die den Söhnen und Töchtern Gottes gegeben ist.
Denn alle Geschöpfe seufzen bis zu dieser Stunde
und liegen in Wehen,
bis eine neue Welt geboren wird.
Aber nicht sie allein, auch wir selbst
sehnen uns danach, endlich Söhne und Töchter
Gottes zu sein
und das eigensüchtige Menschenwesen abzulegen.

Wir sind frei,
und wir sind es doch erst als Hoffende.
Wir hoffen etwas, das wir nicht sehen,
und erwarten es in Geduld.

Wenn wir aber schwach werden,
wenn wir nicht wissen, was wir beten sollen, so,
daß es wirklich im Sinne Gottes gesprochen ist,
hilft uns der Geist.
Gott aber, der in die Herzen sieht, weiß,
was der Geist, unser Anwalt,
an unserer Stelle vorbringt.

Die aber Gott berufen hat
zur Gemeinschaft mit ihm,
denen hat er auch eine neue Gestalt bestimmt,
ähnlich dem Bilde seines Sohnes,
so daß Christus der älteste ist
unter vielen Brüdern."

Wer diesen Text liest und ihn so liest, wie er gemeint ist, nämlich so, daß er ihn korrekt auf sich selbst bezieht, der stellt sich danach drei Fragen:

1. Wer ist das, die Schöpfung, und was geht sie mich an?
2. Wer bin ich, von dem das alles gesagt ist, und wozu bin ich mitten in die Schöpfung gestellt? Was müßte aus mir werden?
3. Woher nehme ich die Kraft, der Mensch zu werden, den Gott gemeint hat, als er mich schuf?

In dieses Dreieck möchte ich Ihre und meine Gedanken einzeichnen. Denn diese uns so fremd scheinenden Worte gehen uns, gehen Sie und mich an, und wir werden den Sinn unseres Lebens kaum finden und erfüllen, wenn sich nicht etwas von dem, was hier gemeint ist, in uns abspielt.

Da sagt Paulus: Wenn ich mich schwach fühle, was gräme ich mich um meine Schwäche? Alles, was wirklich geschehen muß, wirkt Gott selbst in mir, ohne daß ich es wissen muß. Ich brauche mich um den Sinn und Ertrag meines Lebens nicht zu kümmern, ich weiß ihn aufgehoben in Gottes Hand. Ich brauche mich um das Gelingen meiner Bemühungen nicht zu sorgen, er selbst wirkt in allen Dingen, was gut ist für mich und die anderen. Ich habe eine gute und reiche Zukunft vor mir, und nichts und niemand kann mich scheiden von der Liebe Gottes, die ich in Christus finde, meinem Herrn. Und wenn es sehr dunkel aussieht in mir und um mich her, dann begegne ich doch mitten im Dunkel nicht dem Teufel und nicht irgendwelchen Höllenhunden, sondern dem liebenden Gott selbst.

Da klingen die Lieder des Alten Testaments an, in denen es etwa heißt: Glücklich ist der Mensch, der Freude hat an Gottes Gebot. Der ist wie ein Baum, gepflanzt am Wasser, der seine Frucht bringt und dessen Blätter nicht welken, und alles, was er tut, das gerät ihm wohl.

Und das entspricht der Erfahrung, die jene Menschen gemacht haben, die damals in Galiläa dem wandernden Jesus Christus begegnet sind.

Von Jesus wird erzählt, er sei durch die Städte und Dörfer Galiläas gezogen und habe zu den Menschen gesprochen, wie er sie eben fand, wie sie ihm begegneten oder sich an ihn wandten: „Als er sie sah, taten sie ihm leid, denn sie waren verlassen, verhungert und heruntergekommen wie Schafe, die keinen Hirten haben."

Er sah sie krank. Er sagte nicht: Finde dich mit deinem Leiden ab!, sondern heilte die Krankheit. Er faßte Lahme an der Hand und richtete sie auf. Er berührte Blinden die Augen und gab ihnen das Licht. Er sah sie krank an ihrer Seele, beherrscht von dunklen Mächten, und machte sie frei.

Er sah sie mit sich selbst zerfallen, in Verfehlungen verstrickt, den Folgen ihrer Schuld ausgeliefert, unfähig zum Frieden mit Gott. Er nahm ihnen die Angst vor der Vergangenheit und die Angst vor der Zukunft, die Angst vor den irdischen Richtern und die Angst vor Gott und half ihnen zu einem neuen Anfang.

Wenn Jesus Menschen heilte, gab er ihnen damit ein Zeichen, das in ihnen die Hoffnung auf die große Veränderung aller Dinge wecken sollte, die Hoffnung auf das Gottesreich, dem der geheilte Mensch anzugehören bestimmt war. „Steh auf!" sagte er zu dem Kranken auf seinem Lager. „Nimm dein Bett und geh!" Der Kranke stand auf, und wenn die Heilung zu ihrem eigentlichen Ziel kam, ging der Geheilte hin und dankte. Denn die Heilung war vollendet in der Dankbarkeit. Und diese Heilung, diese Neuschöpfung eines unversehrten Menschen ist möglich, sagt Jesus. Wenn du glaubst, ist der Weg frei.

Und wenn einer merkt, daß Jesus ihn geheilt hat, dann kann er etwa so sprechen, wie Paulus es tut und wie wir es tun können:

Es ist merkwürdig, aber ich habe erkannt, daß ich kein Bruchstück bin, sondern ein ganzer Mensch, aus Gottes schaffender Hand hervorgegangen und erfüllt mit seinem Geist.

Ich bin nicht allein und verlassen, sondern habe ein starkes und freundliches Gegenüber in dem Gott, der barmherzig und freundlich mit mir umgeht.

Ich bin ein freier Mensch. Was ich bin, das bestimmen nicht die Menschen um mich her, sondern Gott selbst. Er hat mich dazu berufen, der Gestalt des Sohnes, Jesus Christus, ähnlich zu werden.

Ich bin nicht tot. Nein, auch wenn es tausendmal so aussieht, als sei in mir alles tot und gestorben. Ich lebe. Es wächst noch etwas in mir aus der schaffenden Kraft des Geistes Gottes. Es blüht, es reift noch etwas in mir. Es wächst noch etwas wie Frucht.

Ich brauche mich nicht mit dem zu begnügen, was das Leben um mich her mir anbietet. In mir ist eine Sehnsucht erwacht, die weit über dieses Leben und diese Welt hinausgreift, die Sehnsucht nach Gottes Reich. Vor mir steht nicht die Katastrophe, sondern die Vollendung der Welt aus demselben Geist, der sie geschaffen hat.

Ich habe darum eine Gelassenheit in mir, die ich nicht von mir selbst habe. Ich brauche nicht zu fragen, ob ich die Kräfte habe, zu tun, was Gott von mir will. Gott selbst wirkt in mir, was nach seinem Willen ist. Es ist eine Stille in mir, die ich nicht von mir selbst habe. Es ist die Stille, in der Gottes Geist in mir mit Gott selbst spricht.

Es ist eine Gewißheit in mir, die ihren Boden nicht in mir hat, sondern in dem festen, breiten und tiefen Grund, den Gott in mir selbst gelegt hat.

Ich brauche den Sinn meines Lebens nicht zu beweisen. Ich sehe einen Weg vor mir, der mich hindurchführt durch die Mühen und Probleme dieses Lebens und hinaus über seine Grenzen – und das macht mich glücklich.

Ich brauche mich gegen die Welt und die Menschen nicht zu wehren und nicht abzuschirmen. Sie gehören zu mir. Gottes Geist selbst verbindet mich mit ihnen, und ich kann sie annehmen und bejahen und ihnen wehrlos und freundlich gegenübertreten.

Ich nehme diese Welt an, wie Christus sie annahm. Wie Gottes Geist unsere Schwachheit annimmt und sie vor Gott vertritt, so möchte ich ein Stück dieser Welt mit meiner ganzen Kraft vor Gott vertreten.

Das alles meinen wir, wenn wir vom Geist Gottes reden, der in uns sei. Und dies alles finden wir bei Paulus wieder, in den Worten seines Briefes.

„Gottes Geist wohnt in euch. Der bestätigt euch, daß ihr Kinder Gottes seid. Denn die sich von seinem Geist führen lassen, die sind seine Söhne und Töchter.

Darauf aber warten nicht nur wir selbst, auch die ganze Schöpfung sehnt sich danach, daß wir Menschen endlich als seine Töchter und Söhne in seiner Welt wirken. Denn die Natur leidet unter dem leeren Kreislauf, dem sie ausgeliefert ist.

Gott aber hat ihr eine Hoffnung gegeben: Sie soll an der Freiheit teilhaben, die den Söhnen und Töchtern Gottes gegeben ist. Aber nicht sie allein, auch wir selbst sehnen uns danach, endlich Söhne und Töchter Gottes zu sein und das eigensüchtige Menschenwesen abzulegen."

Die sich von Gottes Geist bewegen lassen, sagt Paulus, sind Söhne und Töchter Gottes. Was meint er damit? Wer ist ein Sohn, wer ist eine Tochter Gottes?

Der „Sohn" im biblischen Sinn ist der inspirierte und bevollmächtigte Vertreter Gottes auf dieser Erde.

Nennt aber Paulus uns Menschen Söhne Gottes, dann sagt er damit zugleich: Diese Freiheit hat der Mensch nicht für sich selbst. Der Sohn steht immer verantwortlich der Welt gegenüber, einer Welt, die auf seinen Geist und seine Hand angewiesen ist. Und wenn er vom Seufzen der Schöpfung spricht, dann meint er, der Sohn oder die Tochter seien Menschen, die mit den übrigen Wesen so umgehen, wie es deren eigenem Lebenssinn und Lebensrecht entspricht.

Denn wir haben uns nicht nur um das Heil unserer eigenen Seele zu kümmern, sondern um die Welt um uns her, die von Gott und seinem Geist geschaffen und durchwirkt wird.

Wer in diesem Sinn eine Tochter Gottes oder ein Sohn Gottes ist, der sagt etwa: Gott hat unendlich viele Wesen geschaffen, die unabhängig von mir ihr eigenes Lebensrecht haben. Ich bin nicht der, der sie zertritt. Ich versuche zu verstehen, wie alle diese unendlich vielen Geschöpfe Gottes leben und wie sie zusammengehören und wie sie einander bedingen und miteinander am Leben bleiben.

Denn wir Menschen, Geschöpfe Gottes, sind berufen, mehr zu sein als dies: nämlich bewußte Instrumente seines Geistes. Wir sind berufen, Inspiration zu empfangen, offen zu sein nach oben gleichsam, und mit der Energie dieses Geistes zu wirken. Denn der christusförmige Mensch ist berufen, ein Gefäß für den Geist zu sein, inspiriertes, waches Instrument für das, was Gott durch uns wirken will.

Was also ist zu tun? Zweierlei: unsere Gedanken für den Geist zu öffnen, sensibler als bisher, so daß die Wahrheit

Gottes und seine Herrlichkeit in diese unsere verschlossene Menschenwelt hereinkomme; und unser Tun und Wirken zu überprüfen, damit es uns am Ende besser gelingt als bisher, Gott in dieser Welt glaubwürdig zu verkörpern.

Inspiration durch den Geist und Stellvertretung Gottes in dieser Welt sind die Merkmale der Söhne und Töchter Gottes.

Gottes Geist kommt von oben, und uns Menschen fällt auf dieser Erde das Rettende ein.

Der Geist vertritt uns umgekehrt vor Gott, und das heißt, wir stehen hier für das Leben und nicht für den Tod. Wir stehen für das Leben, das aus Gottes schaffendem Geist kommt, und sind seine Instrumente.

Woher also nehmen wir Christen die Hoffnung, die uns angesichts dessen, was um uns her geschieht, so leicht abhanden kommt? Sie kommt aus der Erfahrung, daß in uns selbst noch wirklich etwas Neues geschehen kann. Ein Einbruch, mit dem wir nicht gerechnet hatten. Und so glauben wir auch, daß in dieser Welt Neues geschehen kann, mit dem nicht zu rechnen war, daß die Zukunft offen ist und keineswegs das Ende festgeschrieben. Und daß selbst nach dem Ende der Menschengeschichte auf dieser Erde die Zukunft wieder ganz offen ist und unser Weg weitergeht, der Weg der Schöpfung weiterführt durch eine Neuschöpfung hindurch, die das Werk des Geistes Gott ist.

In dieser Hoffnung aber sitzen wir nun nicht still hinter dem Ofen. Wir reden vielmehr. Wir sprechen aus, was der Geist zu uns spricht. Und das heißt auch: Wir widerstehen allen den Mächten in unserer Welt, die die Menschen stumm machen, die den Tod über das Lebendige bringen, die den schöpferischen Geist leugnen und die Welt zugrunde gehen lassen um des bloßen Gewinns willen an Geld oder Macht.

Zweierlei hören wir. Zum einen: Christus ist nicht eine vergangene Figur der Weltgeschichte, sondern Herr des Kosmos, gegenwärtig, rund um uns her. Vor ihm verantworten wir, was wir tun, auch, was wir mit der Kreatur tun.

Und zum anderen: Du Mensch brauchst nicht zu bleiben, was du bist. Du bist zur Wandlung bestimmt. Das Ebenbild Gottes wird in dir neu geschaffen, das Ebenbild des Sohnes, der Tochter.

Und wir alle sind dazu berufen, anderen Menschen und der übrigen Kreatur ein Christus zu sein. Träger des Geistes, Stellvertreter Gottes auf dieser Erde.

Ich lebe, sagt Paulus. Aber nun nicht ich, sondern Christus lebt in mir. Ich lebe. Ich bin etwas. Ich kann, was ich soll. Ich habe Kräfte. Ich sehe, wo mein Auftrag liegt. Ich bin Instrument des rettenden Willens Gottes.

Und auf andere Weise wird in dieser Welt des tausendfältigen Todes, in dieser Welt der Angst und der Hoffnungslosigkeit keine Hoffnung entstehen.

Das Kapitel, in dem unser Text steht, endet mit den Worten, die ich so formuliere, wie sie heute in unserem Munde klingen könnten:

Wer soll uns von der Liebe Gottes scheiden?
Wir sehen, daß diese Welt ihrem Ende zugeht –
aber nimmt uns das die Liebe Gottes?
Wir sehen keinen Weg der Rettung –
aber verlieren wir damit die Liebe Gottes?

Trennt es uns von Gott,
wenn Menschen uns verfolgen?
Wenn wir hungern?
Wenn wir wehrlos allen Gefahren ausgesetzt sind?
Wenn man uns das Leben nimmt?

Denn ich bin gewiß,
daß uns nichts in dieser Welt
von der Liebe Gottes trennen kann.
Ob wir sterben,
ob wir am Leben verzweifeln,
wir bleiben in ihr.
Ob die Welt voll ist von unsichtbaren Mächten,
die uns ins Unheil führen,
von geistigen Mächten,
gegen die wir nichts ausrichten,
oder ob die Weltgeschichte weitergetrieben wird
von der Angst und der Torheit der Menschen,
wir bleiben in Gott,
und nichts kann uns von seiner Liebe trennen.

Ich bin gewiß,
daß weder der Tod noch das bedrohliche Leben,
noch Boten der dunklen Macht,
weder Zufall noch Schicksal,
weder das heutige Unheil
noch die Gefahren von morgen,
weder Gewalten der Erde
noch Mächte in den Sternen,
in der Höhe am Himmel
oder in der Tiefe unter meinen Füßen
noch irgendein anderes, von Gott geschaffenes Wesen,
das seinem Willen unterworfen ist wie sie,
uns zu scheiden vermag von der Liebe Gottes,
die uns in Christus erschien, unserem Herrn.

Zu
Klage und Trauer

3. DAS LEIDEN DER SCHÖPFUNG UND DIE PASSION CHRISTI

Wir hören zwei Worte aus der Leidensgeschichte Jesu:

„Und Jesus sprach zu den Zwölfen: Wir gehen hinauf nach Jerusalem, und es wird alles geschehen, was durch die Propheten über mich geschrieben ist: Ich werde den Gottlosen ausgeliefert, ich werde verspottet und mißhandelt und angespuckt werden, und sie werden mich geißeln und töten, am dritten Tag aber werde ich auferstehen."

Lukas 18, 31–34

Und die Klage über Jerusalem: „Jerusalem, Jerusalem, die du tötest die Propheten und steinigst, die zu dir gesandt werden. Wie oft habe ich deine Kinder versammeln wollen, um sie zu retten, und ihr habt nicht gewollt. Tut die Augen auf: Ihr werdet eines Tages vor euren zerstörten Häusern stehen." Lukas 13, 34–35

Diesen beiden Worten stellen wir eine Aussage aus dem 1. Kapitel des Johannesevangeliums gegenüber:

„Im Anfang war das Wort, und das Wort war bei Gott, und Gott war das Wort. Alle Dinge sind durch das Wort gemacht. Für die ganze Schöpfung war in ihm das Leben, und das Leben war das Licht der Menschen. Das Licht scheint in der Finsternis, und die Finsternis hat's nicht begriffen. Er war in der Welt, Christus, und die Welt ist durch ihn gemacht, aber die Welt erkannte ihn nicht. Das Wort wurde ein Mensch und wohnte unser uns: Christus."

Durch alle diese drei Worte aus dem Evangelium zieht sich eine tiefe Trauer. Trauer über das Schicksal des Christus,

Trauer über das, was danach mit uns allen geschehen wird, und Trauer über die Tragödie, daß das Licht in der Finsternis scheint und die Finsternis es nicht begreift.

Und das alles hängt in sich zusammen, wenn wir denn glauben, daß wir in Jesus Christus mehr vor uns haben als einen Weisen aus einer vergangenen Zeit. Wenn wir in ihm den sehen, in dem Gott sprach. Wenn wir an ihm, diesem Bild der Liebe, der Hingabe, der heilenden und helfenden Kraft, diesem Bild des Leidens und Sterbens und endlich diesem Bild des Lebens und der Zukunft das Bild Gottes wiedererkennen, das er uns verkündet hat.

So verbindet Johannes in seinem berühmten Prolog Gott, den Schöpfer dieser Erde und dieser Welt, aufs engste mit der Gestalt des Jesus von Nazaret. Er sagt: Gott hat sein Wort gesprochen, und es wurde die Welt. Er hat zu uns gesprochen in Jesus Christus. Das ist dasselbe schöpferische und segnende Wort. Und so sah die Christenheit von Anfang an im Leiden des Christus immer auch eine Klage über das Leiden Gottes, das die ganze Schöpfung durchzieht. So sah sie von Anfang an einen inneren Zusammenhang zwischen der Klage der Kreatur und dem Leiden des Christus. Für uns aber hat diese Klage heute die Dimension einer ungeheuren Tragödie angenommen. Heute, da die Schöpfung auf dieser Erde durch uns, die Menschen, zugrunde geht. Wir finden heute die Passion des Jesus von Nazaret gespiegelt in der Leidensgeschichte, die über die ganze Erde hin von Pflanzen und Tieren gelitten wird. Und wir, die gewöhnt sind, die Passionsgeschichte als etwas längst Vergangenes fast ungerührt zu hören, wir finden die wirkliche Passionsgeschichte wieder in der Passion der Schöpfung. Sie klagt uns aber nicht nur an, sie will uns auch selbst verändern.

Gehen wir also auf den Wegen dieser Passion ein paar Schritte mit.

Sie beginnt mit einem harmlosen Jubelgeschrei. Als Jesus in Jerusalem einzieht, wird er als der kommende

König Israels gefeiert: Hosianna dem Sohn Davids! Ähnlich preisen wir die Schönheit der Natur. Die Lyriker und Liederdichter haben wunderschöne Worte dafür gefunden: „Über allen Wipfeln ist Ruh", singen sie, oder „im Nebel ruhet noch die Welt". Und die deutsche Seele hat sich von jeher an der Frage erbaut: „Wer hat dich, du schöner Wald?" Vom Leiden des Waldes ist dabei nicht die Rede. Und als Jesus in Jerusalem einzieht, da geht es darum, ob die Menschen, die solche Lieder singen, zur Nüchternheit erwachen werden, ehe es zu spät ist.

Was heißt erwachen? Früher spielte am Palmsonntag für uns Kinder der Palmesel eine wichtige Rolle. Wer am längsten schlief und als letzter aufstand, war der Palmesel. Er war der verschlafene Mensch, der die Stunde versäumt, in der ihm das Heil begegnen will. Das wollte uns sagen: Wer zu lange schläft, kann nicht tun, was zu seiner Rettung nötig wäre, und wenn er endlich erwacht, wird es zu spät sein. Er lebt heute in seinen Tag hinein, der Palmesel, ohne zu sehen, was es mit dem Zustand der Erde inzwischen auf sich hat.

Aber die Leidensgeschichte geht weiter: In Jerusalem begab sich Jesus zuerst in den Tempel. Dort sah er den Markt der Geldwechsler und der Taubenverkäufer. Er machte sich eine Geißel aus Stricken und fing an, die Tische und die Stände umzustoßen und sie alle hinauszutreiben mit dem Ruf: Macht meines Vaters Haus nicht zum Warenhaus!

Das Haus seines Vaters ist die Erde. Heute geht Jesus über die Erde, die zum Warenhaus verkommen ist. An den Regenwäldern ist nur noch wichtig das Geld, das man bekommt, wenn man sie abholzt. An den Stränden nur noch, wieviel die Touristensilos bringen, die sie verwüsten. An den Äckern nur noch, um wieviel der Ertrag gesteigert werden kann, wenn man das Buschwerk und das Leben in ihm entfernt. Ginge Jesus heute durch die moderne Landschaft, er würde rufen: Was macht ihr aus meines Vaters

Haus? Meines Vaters Haus ist ein Haus für die Fülle der Pflanzen und der Tiere, und ihr macht einen Supermarkt für euch allein daraus. Und er würde hinzufügen, was er damals rief: Seht zu: am Ende wird die Wüste übrigbleiben!

Die Leidensgeschichte geht weiter. Als Jesus seine Jünger zum letzten Abendmahl versammelt hatte, nahm er eine Schüssel Wasser und fing an, seinen Jüngern die Füße zu waschen. Als er zu Petrus kam, sagte der: „Niemals sollst du mir die Füße waschen." Da antwortete Jesus: „Wenn ich dich nicht wasche, hast du kein Teil an mir." Da sagte Petrus: „Herr, nicht die Füße allein, sondern auch die Hände und das Haupt." Säße Jesus heute bei uns in irgendeiner festlichen Versammlung, er säße unter lauter wohlgewaschenen Leuten. Und ginge er danach an einen Bach vor der Stadt, so fände er dort den ganzen Schmutz dieser Gesellschaft wieder im Schaum auf dem Wasser und in einer stinkenden Brühe, die träge dahinrinnt und in der die Fische und die Wassertiere sich längst zu Tode gelitten haben. Ich weiß nicht, woher dieser Reinlichkeitswahn kommt. Vielleicht hofft man, irgendeine schwere Schuld abzuwaschen. Denn die Bäche waren rein so lange, bis der Mensch das tägliche Bad erfand, und das superreine Hemd ist der Anfang der Kloake, zu der unsere Flüsse inzwischen verkommen sind.

Danach feierte Jesus mit den Seinen das Mahl. Und er gab dabei das Thema an, um das es heute geht: Er machte das Brot und den Wein, die Gaben der Erde zu einem Sakrament, zum Zeichen seiner Gegenwart. Und wir können dabei begreifen, wie wir mit dem Sakrament der Erde umgehen, in dem doch Gott ist. Mit dem Sakrament, in dem uns und allem Lebendigen das Leben geschenkt ist.

Aber da ist dann noch ein kurzer Redewechsel. Da sagt Jesus zu Petrus: „Ich habe für dich gebeten, daß dein Glaube nicht aufhöre." Er aber antwortet: „Herr, ich bin bereit, mit dir ins Gefängnis und in den Tod zu gehen." Jesus spricht zu ihm: „Der Hahn wird nicht krähen, da wirst du schon drei-

mal geleugnet haben, mich zu kennen." Wie ist das denn mit unseren Bekenntnissen?

Unsere Kirche hat seit ihren Anfängen ein Bekenntnis, das besagt, die Erde sei von Gott geschaffen und von ihm durchdrungen. Ein Bekenntnis hat man, weil man für sein praktisches Urteilen und Handeln ein Maß anerkennen will. Aber dieses Bekenntnis hat unsere Kirche noch nie dazu bewegen können, mit der Schöpfung anders umzugehen, als auch Gottlose aller Schattierungen mit ihr umgehen. In der Regel hat man dieses Problem dem Staat überlassen und der Wirtschaft und hat inzwischen mehr als dreimal geleugnet, man kenne einen Gott, der uns in seiner Schöpfung begegnet und vor dem der Mensch verantwortet, was er tut. Man sagt auch heute zu diesem Thema nichts, was nicht auch ein moderner Heide sagen könnte.

Und noch ein Redewechsel bei Tisch. Da sagt Jesus: „Der mit mir die Hand in die Schüssel taucht, der wird mich verraten." Und Judas geht hin und verkauft Jesus für dreißig Silberstücke an seine Henker. Das Geld hat schon immer die Welt regiert. Es hat schon bisher jeden Verrat belohnt. Aber heute kehrt sich die Wirkung um: Heute wird uns das Geld, das wir mit der Zerstörung der Schöpfung gewinnen, selbst mit dem Tode belohnen. Denn die Henker, an die Jesus in seiner Schöpfung heute verkauft wird, sind wir.

Die dreißig Silberlinge heißen heute Sicherheit. Wir erkaufen sie mit einer ungeheuren Rüstung. Sie heißen Wohlstand. Sie heißen Arbeitsplätze. Sie heißen Erfolg der Wissenschaft. Sie heißen Weltraumfahrt. Sie heißen freie Fahrt des freien Bürgers. Sie heißen Recht auf Befriedigung unserer Ansprüche. Sie heißen Entwicklung der Persönlichkeit. Und immer wird wieder ein Stück der Schöpfung an ihre Henker verkauft.

Wenn am Ende Judas seinen Irrtum begreift, wird er hingehen und das Geld zurückbringen. Aber dann wird man ihm antworten wie damals in Jerusalem: „Das ist deine

Sache. Da sieh du zu." Und Judas wird den Tod ernten, den er gesät hat.

Nach dem Mahl begab sich Jesus hinab ins Kidrontal, in einen Garten, der Getsemane hieß. Und er fing an, zu trauern und zu zagen. Friedrich von Spee, ein großer Mystiker des 17. Jahrhunderts, hat bei der Betrachtung dieser Erzählung ein Lied geschrieben, das mit den Worten beginnt:

„Bei stiller Nacht, zur ersten Wacht,
ein Stimm begunnt zu klagen ..."
und an dessen Ende es heißt:
„Kein Vogelsang noch Freudenklang
man höret in den Lüften;
die wilden Tier traurn auch mit mir
in Steinen und in Klüften."

Friedrich von Spee hat vor bald dreihundert Jahren seinen einsamen Kampf gekämpft gegen den Hexenaberglauben seiner Zeit, gegen die Verfolgung von unzähligen Frauen durch den Wahn von Staat und Kirche. Er wurde von seinem Orden nur deshalb nicht ausgestoßen, weil er vor seiner Verurteilung starb. Er sah schon damals den modernen Wahn voraus, der Mensch sei das einsam leidende Wesen auf dieser Erde. Er sah schon damals den Zusammenhang zwischen dem Leiden der Schöpfung und der Passion Christi, zwischen dem unermeßlichen Leiden, das die Welt füllt weit über die Menschen hinaus, und dem Leiden Gottes in ihr. Und so schließt sich bei ihm im Garten Getsemane die Kreatur bis zu den wilden Tieren hin zur Klage zusammen über das Leiden des Christus.

Danach begann der Prozeß. Für diesen Prozeß war charakteristisch, daß er zu einer Verurteilung führte, für die es weder bei Juden noch bei den Römern ein Gesetz gab, so wenig wie ein Recht für den Angeklagten. Und wir bedenken dabei, daß es bei uns praktisch immer nur Rechte für die Menschen gibt, aber kein nennenswertes Recht für

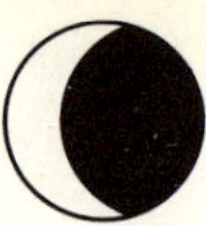

Tiere. Oder haben die Legehennen in ihren Batterien irgendein Recht? Darum macht sich bei uns auch niemand schuldig, wenn er Tiere oder Pflanzen ausrottet, sofern es nur dem Interesse der Menschen dient.

Und da treten dann die falschen Zeugen auf. Was wird nicht alles Umweltschutz genannt, das weiter nichts ist als fortgesetzte Zerstörung! Neulich kam mir das Werbeblatt einer Uhrenfirma in die Hand, das vier Seiten lang pathetisch über Umweltethik redete und am Ende Uhren empfahl, die allesamt mit Batterien betrieben werden, als hätte es je Uhren gegeben, die giftiger gewesen wären als diese. Ihr Zeugnis stimmte nicht überein, sagt die Passionsgeschichte.

Am Ende steht das Volk um den Richterstuhl des Pilatus und ruft sein „Kreuzige!".

Ähnliches ist heute zu hören: „Höre nicht auf die Idioten, die vom Schutz der Schöpfung reden. Wir wählen euch, ihr Regierenden, nur, wenn ihr uns Wohlstand verschafft. Ihr könnt ja von Umweltschutz reden, aber bitte: Zuerst kommen die Arbeitsplätze. Alles andere ist Romantik. Kreuzige!"

„Sein Blut komme über uns und unsere Kinder", rufen die Leute. Das heißt: Wenn das ein Unrecht ist, das wir fordern, dann komme die Strafe dafür über uns und unsere Kinder. Die Kinder der Leute von Jerusalem sind denn auch vierzig Jahre später im Angesicht ihrer belagerten Stadt von den Römern zu Tausenden gekreuzigt worden, weil ihre Eltern die Stunde versäumt hatten, in der ihnen Gott durch den Mund Jesu einen Weg des Friedens hatte zeigen wollen, der für uns heute ein Weg des Friedens mit der Schöpfung wäre.

Aber was gehen uns schließlich unsere Kinder und Enkel an? Oder gar irgendwelche fernen Urenkel? Augen schließen und weitermachen, das ist die Losung.

Schließlich nahm Pilatus eine Schüssel mit Wasser, wusch sich die Hände und sprach: Ich bin unschuldig. Er

nähme heute in seinem Waschzwang ein gründlich wirkendes Waschmittel und würde sagen: Ich bin doch nicht der, der die Erde zerstört! Das machen doch andere! Die Industriellen und die Händler, die Plantagenbesitzer, die Ölschiffe auf den Ozeanen, die Kraftwerksbetreiber, die ihren Müll ins Meer werfen. Und weil Pilatus in uns ist, der sagt: „Ich bin das doch nicht", darum geht auch all das andere, für das wir nichts können, weiter bis zum bitteren Ende.

Danach führte man Jesus in den Keller des Palastes, band ihn an eine Säule und geißelte ihn. Tut man das heute noch? O ja. Die Versuche, die unsere Industrie und unsere Wissenschaft an Millionen Tieren vornimmt, schreien zum Himmel. Man bindet sie auf den Labortischen fest, durchtrennt Katzen das Rückenmark, Hunden die Stimmbänder. Affenköpfe hält man isoliert am Leben, Ratten und Mäuse gehen an den schauerlichsten Quälereien zugrunde. Wer fragt schon nach den Schmerzen und nach den Todesängsten der Tiere? Die Kirche nicht. Sie hat noch nie gegen Tierversuche protestiert, noch nicht einmal gegen die, die offensichtlich sinnlos und unnötig sind. Der Karfreitag der Tiere hat noch lange kein Ende.

Die Passionsgeschichte geht weiter: Am Ende, unter dem Kreuz, werden die Kleider des Jesus von Nazaret verteilt. Und wenn er heute in seiner Schöpfung mitleidet, dann sind seine Kleider die Meere, die Luft, die Erde, das Wasser, die Wälder, die Prärien. Und wir Menschen verteilen die Kleider der Erde, die die Natur bei ihrem Tode noch eben hinterläßt. Man verteilt den schäbigen Gewinn, um den man die Wirtschafts- und die Handelskriege führt, oder die wirklichen Kriege, in denen nur die mit dem größten Zerstörungspotential noch etwas zu gewinnen haben.

Tschingis Aitmatow, der kirgisische Dichter, hat in seinem Roman „Der Richtplatz" geschildert, wie ein Mensch, der der Zerstörung seiner Heimat in Innerasien widersteht, am Ende inmitten niedergeschossener Herden von

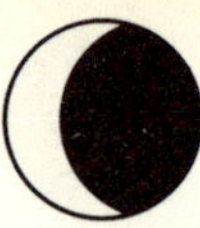

Antilopen kreuzweise aufgehängt zwischen den gebrochenen Ästen eines Baums zugrunde geht: eine Art Christusfigur an der Wende der Jahrtausende.

Als Christus damals am Kreuz hing, gingen die Spaziergänger aus Jerusalem vorbei und spotteten: „Er helfe sich selbst, wenn er doch Gottes Sohn ist!" Heute heißt das: Die Natur, wenn sie denn beansprucht, von Gott erschaffen zu sein, soll sich gefälligst auf ihre Selbstheilungskräfte besinnen und sich selbst regenerieren. Was geht es uns an?

Am Ende wird Jesus in einer Felshöhle begraben, die auf demselben Grundstück offenstand. Er wird entsorgt. In einem Endlager. Wie der Plutoniummüll, den man heute unter der Erde verscharrt und von dem noch in hunderttausend Jahren der Tod ausstrahlt. Der Mensch nimmt die Kräfte der Natur in Anspruch und verwandelt sie in toten und todschaffenden Abfall. Und am Ende – es fällt schwer, sich eine andere Zukunft vorzustellen – wird ein toter Planet seine Bahnen durch das All ziehen.

Am letzten Ende aber, wenn Christus zum Gericht erscheinen wird, stelle ich mir vor, wie die Menschheit als Angeklagte dasteht, angeklagt von all den Geschöpfen dieser Erde, die nicht leben konnten wegen der Untaten der Menschen. Für die Überlegungen, um die wir uns heute drücken, wird es dann zu spät sein: Wie lange es zum Beispiel dauern soll, bis wir endlich bemerken, was durch uns geschieht, oder wie lange es dauern soll, bis wir bemerken, was dabei aus uns selbst geworden ist.

Was aber sollen wir tun? Vielleicht bleibt uns nur die Trauer über das schäbige Ende der Menschheitsgeschichte. Die Klage über das Unheil, das wir anrichten an all den geringsten Brüdern und Schwestern unseres Herrn, denen wir überall begegnen von den Walen im Ozean bis zu den Schmetterlingen oder den Bäumen im Erzgebirge.

Wo meine geringsten Brüder sind, sagt Jesus, da bin ich. Es kann heute kaum mehr einen Christusglauben geben, der nicht bekennt, Christus sei in allen Dingen, und keine

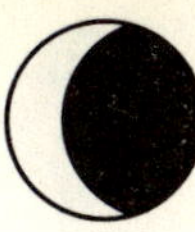

Betrachtung des leidenden Meisters mehr, wenn er uns nicht der Leidende ist in aller Kreatur.

Wenn Gott für uns nicht das Gesicht des leidenden Christus trägt, werden wir Gott nie und nimmer in seiner Schöpfung wiedererkennen.

Er möge sich unserer Blindheit erbarmen und uns die Augen öffnen in dieser letzten Stunde, in der es für unsere Erde vieleicht schon zu spät ist, und uns den Mut und die Kraft geben, mit unseren geringen Mitteln der großen Zerstörung unsere kleine Liebe entgegenzusetzen, unsere Liebe zu seinen geringsten Brüdern und Schwestern.

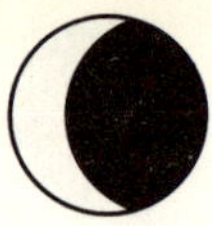

4. DER REICHE KORNBAUER

Jesus erzählte eine Geschichte:
„Es war einmal ein reicher Mann,
dessen Felder brachten eine besonders gute Ernte.
Da überlegte er sich: Was soll ich tun?
Die Speicher sind zu klein.
Ich habe nicht genug Raum,
um meine Ernte unterzubringen.
Ach ja! Das will ich tun.
Ich reiße sie ab, meine Scheunen,
und baue an ihrer Stelle größere.
Dort will ich meinen Reichtum unterbringen,
das Korn und meine sonstigen Vorräte.
Dann will ich zu mir selbst sagen:
Mein Freund, nun hast du einen Vorrat für viele Jahre.
Ruh dich nun aus, sei vergnügt mit Essen und Trinken
und genieße dein Leben.
Da aber sprach Gott zu ihm: Du Narr!
Diese Nacht wird man dein Leben von dir fordern.
Wem wird dann gehören, was du aufhäufst?
Das ist die Geschichte eines jeden,
der Schätze sammelt und darüber vergißt,
wie arm er damit vor Gott ist." Lukas 12, 16–21

Wenn Jesus Geschichten über das Reich Gottes erzählt oder über das, was in der menschlichen Seele geschieht, dann sehen wir ihn durch die Felder seiner Heimat gehen und von der Erde sprechen. Von Wachstum, von Saat und Ernte, von Gedeihen und von den Disteln, die das Gedeihen hindern, vom Acker und vom Weinberg. Und alles, was er seinen Zuhörern zeigt, auf das sollten sie nun in sich selbst achten. Da wechseln die Bilder rasch von außen nach

innen und von innen nach außen. Das Unkraut, das auf dem Acker steht, wird zu ihrem eigenen Zustand, und ihr eigenes Gedeihen und Gelingen erscheint im Weizen, in der Feige oder in der Traube.

Ähnlich dicht liegen unsere Seele und die Erde, unser Glaube und das Universum in dem Glaubensartikel ineinander, in dem wir sagen: Ich glaube an Gott, den Vater, den Allmächtigen, Schöpfer Himmels und der Erde. Das fängt mit unserem kleinen Ich an und greift hinaus zur Erde und zum Himmel. Dieser Glaube also greift über das Interesse unserer eigenen Seele hinaus in die Weite des Kosmos, in die Welt im kleinen und im großen. Der Gott, an den ich glaube, ist der, der die unendlich vielen lebendigen Organismen der Erde, der Steine, der Pflanzen, der Tiere und der Menschen in ihrem Zusammenhang und Zusammenspiel geschaffen hat. Ich habe es also mit dem Ganzen der Welt zu tun und mit dem, der sie durchwirkt, ob ich mich mit mir selbst beschäftige, mit einem anderen Menschen, mit einem Hund oder einem Wurm, mit einem Unkraut oder mit einem wohlbestellten Acker.

Das bedeutet: Man kann nicht Christ sein wollen und das Glaubensbekenntnis sprechen und so tun, als gehe uns, was auf unserer Erde geschieht, nichts an. Wie kommt es denn, daß wir heute zwar immer noch von der Allgegenwart Gottes in einer von ihm weise geschaffenen Welt reden, aber im übrigen keineswegs verantwortlich mit dieser Erde umgehen? Wir leben, forschen, produzieren, was uns paßt, zerstören und werfen weg, was uns nicht paßt, als gehöre die Erde uns und als seien wir niemandem, auch Gott nicht, Rechenschaft schuldig. Ich meine, unser Umgang mit der Erde sei Ausdruck nicht des christlichen Glaubens, sondern einer brutalen oder auch leisen und stillen Verachtung des Schöpfers und der Schöpfung.

Es ist gerade die von den christlichen Völkern ausgehende Zivilisation, die mit Völkern ferner Länder, mit Tier und Pflanze, mit Lebensgrundlagen und Lebensbedingun-

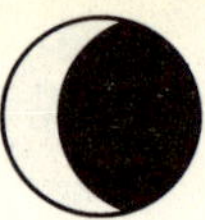

gen, mit Rohstoffen und Lebensräumen umgeht, als gäbe es nur das eigene, wohlstandsbesessene Lebensrecht.

Wer Bescheid wissen will, kann Bescheid wissen.

Es gibt seit den ersten Warnungen des Club of Rome vor zwanzig Jahren eine ganze Literatur zum Zustand der Erde. Jeder kann wissen, daß es so nicht weitergeht. Und es geht doch so weiter. Jeder kann wissen, daß unsere Erde endlich ist, daß dem Wachstum der Industrie, dem Verbrauch, der Anhäufung von Abfall Grenzen gesetzt sind. Jeder wartet darauf, daß irgend etwas sich ändert, ehe es zu spät ist. Aber was sich ändert, ist kaum der Rede wert. All dies wäre nur zu korrigieren, wenn man bereit wäre, von einigen Voraussetzungen abzuspringen, die unsere wissenschaftlich-technische Welt geschaffen haben: von dem Anspruch auf bedingungslose Freiheit zum Beispiel und von der Meinung, der Mensch sei fähig, die Geheimnisse der Schöpfung auf seinen kleinen Schiefertafeln nachzurechnen.

Es gibt heute Naturschützer, die sagen: Laßt das mit dem Waldsterben. Der Wald ist nicht mehr zu retten. Aber kümmert euch um Gottes willen um den Ackerboden!

Im Umkreis der Industrien sinken Blei, Kadmium, Arsen, Quecksilber, Thallium und vieles andere aufs Land. Schön gleichmäßig. 7 % der bundesdeutschen Ackerfläche sind jetzt schon hochgradig verseucht. Mineralische Überdüngung, Einsatz von Herbiziden und anderen Mitteln und die Vergiftung durch Schwermetalle wirken zusammen. Dazu kommt der saure Regen, der ja keineswegs nur über den Wäldern niedergeht. Schwermetalle stäuben aus Industrieschloten und Automobilen, Abraumhalden und Müllverbrennungsanlagen oder werden mit dem Klärschlamm über die Äcker verteilt.

Man kann es heute wissen. Eine Untersuchung der Universität Dortmund hat schon vor Jahren ergeben, daß weite industriell besiedelte Teile unseres Landes für bäuerliche und gärtnerische Nutzung schon so gut wie verloren sind. Die Biologische Bundesanstalt ließ verlauten: Luft und

Wasser können wir zur Not noch retten, unsere verseuchten Böden schon nicht mehr.

Fachleute sagen, Schwermetalle lassen sich aus der Erde nicht mehr entfernen. Das Gift bleibt, es nimmt zu. In einigen Jahrzehnten wird auf einem großen Teil der deutschen Ackerfläche, und anderer Länder ebenso, nichts mehr wachsen, was ein Mensch essen kann.

Diese Erde ist auf den Hunger programmiert. Nicht nur, daß die Wüsten wachsen und fruchtbares Land verschlingen, rund um die Erde. Nicht nur, daß ganze Völker, die vom Fischfang leben, die Fische nicht mehr genießen können, die sie fangen, z.B. in der Südsee. Nicht nur, daß die Zahl der Menschen, die essen wollen, wie eine Flut zunimmt, sondern auch die Industrienationen werden eines Tages, obwohl sie Geld haben, feststellen, daß man Geld nicht essen kann.

Aber nun haben wir da ein Gleichnis Jesu vor uns. Die Geschichte von einem reichen Bauern, der ein potenter Vertreter der alten Agrargesellschaft war. Der würde, wenn er im 20. Jahrhundert lebte, etwa so sprechen: Wie habe ich das doch so fein gemacht! Der Hektarertrag ist heute ein Mehrfaches so hoch wie zu Zeiten meiner Großväter. Die Äpfel sind größer und die Milchleistung der Kühe auch. Unsre Industrie schafft uns einen Lebensstandard, wie wir ihn nie hatten. Ich will zu meiner Seele sagen: Liebe Seele, iß und trink, du hast eine Sicherheit auf viele Jahre.

Und wenn er gut zuhört, so hört er seine Seele antworten, ob er ein Bauer ist oder ein Großstädter, jedenfalls wenn er ein moderner Mensch ist. Die Seele antwortet: Wir haben herrliche Zeiten. Nach uns die Sintflut. Nach uns die Steppe. Nach uns die tödliche Monokultur des Menschen auf dieser Erde. Nach uns der Hunger. Wozu sollen die Kinder unserer Kinder noch eine Welt vorfinden, in der es für sie etwas zu leben und zu essen gibt? Daß die Wirtschaft floriert, ist viel wichtiger, als daß unseren Kindern die Buchenwälder auf der Alb oder die Tannen im Schwarz-

wald erhalten bleiben. Wenn in unseren Gärten keine Bäume mehr stehen, haben wir immer noch Sonnenschirme aus dem Versandhaus. Und es gibt viele Dinge, die wichtiger sind als das Leben derer, die nach uns kommen. Wichtiger als die Menschenrechte, wichtiger als das Leben der außermenschlichen Kreatur, wichtiger als der Friede auf dieser Erde, zum Beispiel unsere komfortable Zivilisation mit allem, was sie uns anbietet.

„Du Narr", sagt Gott zu dem reichen Mann, „diese Nacht wird man deine Seele von dir fordern. Diese Nacht wird man dich fragen, was du aus der Erde gemacht hast, diese Nacht wird man dich fragen, was du aus dir selbst gemacht hast. Du hast dich vom Bild Gottes auf dieser Erde entwikkelt zum kleinen, ichsüchtigen Ausrotter, der nichts neben sich duldet. Du hast dich vom bevollmächtigten Vertreter Gottes entwickelt zum einzigen wirklichen Schädling, den es auf dieser Erde gibt. Von der Krone der Schöpfung zum kleinkarierten, verfressenen Giftzwerg. Vom Mitschöpfer mit Gott zum größenwahnsinnigen Zerstörer. Du Narr, merkst du nicht, daß du dich als der Henker der übrigen Kreatur in deiner Schlinge selbst aufhängst?"

Was wird man uns fragen, wenn es Nacht wird? Wenn Gott unsere Seele von uns fordert? Die Bibel sagt: Gott wird an uns einzelne zwei Fragen richten. Hast du geliebt? wird die erste lauten. Hast du mit deinem Menschengeist etwas erkannt von dem, was um dich her und über dir ist? lautet die zweite. Zusammen: Bist du ein Mensch gewesen?

Anders gesagt: Worin besteht die Ernte deines Lebens? Besteht sie in der Güte, die du anderen Menschen um dich her entgegengebracht hast? Das wäre viel. Das wäre etwas Großes, etwas anderes gilt ohnedies nicht.

Aber wie weit reicht deine Güte und deine Einsicht? Reicht sie auch so weit, wie die anderen Geschöpfe Gottes auf dieser Erde diese deine Güte brauchen? Oder bist du der seltsamen Schmalspurüberzeugung, daß auf dieser

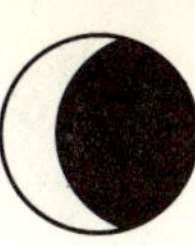

Erde nur der Mensch wichtig, nur die Liebe zum Menschen geboten sei? Was wäre denn die Ernte unseres Lebens als einzelne Menschen, die von Gott wissen, die Christus kennen, die den Heiligen Geist von Gott erbitten?

Ernte ist ja nicht Fertigung eines Werkes. Sie ist ein Gut, das durch die Gnade und den Segen Gottes entsteht und uns zuwächst, nachdem wir unser eigenes Gut, die Saat, lange vorher in die Erde geworfen und also verloren hatten. Reife ist vor allem anderen ein Gut, das in uns selbst wachsen muß. Nicht, was uns von außen zuwächst, macht den Reichtum der Ernte aus, sondern was aus uns selbst dabei geworden ist. Es gehört viel Nüchternheit und Bescheidenheit dazu, das zu sehen und sich am Ende nicht mit dem trösten zu wollen, was man doch neben aller Lieblosigkeit und neben allen Gemeinheiten seines Lebens auch Großartiges für andere Menschen getan und geleistet habe. Der Mensch in uns muß reif geworden sein. Sonst gibt es nichts zu ernten. Man wird uns am Ende fragen: Ist in dir etwas gediehen, was eßbar ist, was Leben schafft?

Es gibt in unserem Leben, in unserer Seele ein merkwürdiges Gesetz. In uns sind zwei verschiedene Quellen von Kraft und Lebendigkeit.

Die eine Kraft haben wir für uns selbst. Sie dient uns, damit wir leben, arbeiten, gesund sind und vital, damit wir unsere Aufgaben bewältigen. Die andere Kraft ruht unbemerkt in uns, solange sie nicht abgerufen wird. Wir können sie nicht nutzen, bis wir sie weitergegeben haben. Mir begegnet immer wieder ein Mensch, dessen Kraft kaum ausreicht, sich selbst am Leben zu halten, und der doch mit erstaunlichen Kräften anderen zugewandt bleibt, liebend und mitdenkend und helfend. Woher hat er diese Kräfte? Ich kenne einige Frauen, die seit Jahren bis an die Grenze ihrer physischen und seelischen Kräfte leiden, an denen alles krank ist und elend, zu denen die Frauen ihres Dorfs kommen, um Kräfte zu holen, die sie selbst nicht mehr

haben. Menschen, von denen bei all ihrer eigenen Hinfälligkeit Segen für viele andere ausgeht. Woher kommt diese Kraft? Diese Kraft erwacht, sobald da ein Mensch ist, der sie von uns braucht. Und plötzlich kann sie erwachen und uns selbst durchströmen und den anderen finden, dem wir sie zuwenden, und kann ihm helfen, sein Leben und Leiden zu bestehen.

Die Liebe also, die wir einem anderen zuwenden, die Barmherzigkeit, die von uns ausgeht, nimmt uns nichts von unserer Kraft, sondern kommt aus jenem verborgenen Reservoir, das uns anvertraut ist für den anderen, der uns braucht.

Hier liegt der Sinn der bäuerlichen Gleichnisse, die Jesus erzählt: Wir sollen ein Korn sein. Aus dem sollen ein Halm und eine Ähre wachsen. Das ist die Gnade, die in unserem Leben wirken will. Und sie will über unser eigenes Wachsen und Gedeihen hinaus eine Frucht schaffen, die andere essen können. Die Menschen um uns her, aber auch andere Wesen und am Ende wieder die Erde. Und Ernte ist dann das, was nicht uns selbst dient, Ernte besteht in den verborgenen Kräften in uns, die aus Gott sind und die wir nun hin und her gehen lassen zwischen unserem Herzen und dem Herzen anderer.

Und man wird den reichen Mann mit seinen Scheunen voll Vorräten fragen: Wohin sind die Kräfte gegangen, die dir anvertraut worden sind? Wo ist der Reichtum, der von dir ausgehen sollte? Allein bleibst du ein armer Kerl. Allein deiner eigenen Seele zugewandt verschenkst du den Sinn, der darin lag, daß Gott dir Reichtum zugedacht hat.

Freilich, der arme Kerl, der da sagt: Liebe Seele, iß und trink, der begegnet in dieser letzten Situation noch immer der Güte Gottes. Immer noch wird er auf seine Seele angesprochen, die verhungerte, am Boden liegende. Noch immer wird er nicht wie Abfall weggeworfen, immer noch ist er angesprochen, noch immer soll oder darf er hören und antworten.

In dieser Nacht, die kommt, wird man immerhin noch deine Seele von dir fordern. Auch du, du moderner Mensch, bist deine Verantwortung nicht losgeworden, nicht deine Würde, nicht deine Bestimmung. Noch immer trägst du sie, und noch immer trägt dich die Gnade Gottes. Und wenn es auf irgendeine Weise noch eine Rettung für dich geben sollte, dann wird es gegen alles, was du getan hast und tust, die Gnade Gottes sein, die dich am Leben erhält. Noch immer bist du aufgerufen, umzukehren. Noch immer gilt, was Jesus sagt: Kümmert euch am meisten um das Reich Gottes und tut etwas für die Gerechtigkeit, so wird euch das Leben zufallen. Und das wichtigste ist, daß ihr endlich begreift, ihr Menschen des 20. Jahrhunderts, was das ist: das Reich Gottes. Das Reich Gottes ist ja so vielschichtig und umfassend wie die Welt überhaupt.

Das Reich Gottes lebt rings um uns her. Alles, was Gott geschaffen hat, ist Reich Gottes, von der Schnecke am Ackerrand bis zur entferntesten Milchstraße. Alles, was uns umgibt, ist durchwirkt vom Geist Gottes. Und kein Grashalm auf dieser Erde wächst ohne Gottes Geist. Keine Frucht reift ohne Gottes Geist. Aus dem Zerfall alter Bäume wächst keine junge Pflanze ohne seinen Geist. Wenn ich die Frage beantworten will, ob ich geliebt habe, dann muß ich mitleben mit allem, was neben mir von Gottes Geist erfüllt ist. Und das haben wir Christen in der Meinung, das Reich Gottes sei nur für uns Menschen da, gründlich vergessen.

Das Reich Gottes lebt in uns selbst. Es zeigt sich in dem, was in uns im Laufe unseres Lebens wächst an Güte und Liebeskraft.

Das Reich Gottes liegt auch in der Zukunft, denn die Welt ist nicht am Ende. Die Wände zwischen der Welt der sichtbaren Dinge, der Farben und Gestalten, und jener größeren, die sie umgibt und durchdringt, sind durchscheinend. Und wenn wir einmal durch die Zone des Todes gehen werden und uns dabei die Augen aufgehen, dann werden wir sehen, woher die Kraft der Hoffnung kommt für uns

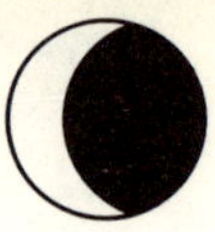

selbst und für diese Erde: Daß da ein Gott ist, der diese Erde in der Hand hat und der auch für seine Geschöpfe – auch für unsere eigene Seele – noch Wege hat, wenn alles zu Ende ist.

Aber gerade, wenn wir auf das kommende Gottesreich hinschauen, geht uns die Torheit jenes reichen Bauern auf, der da sagte: Liebe Seele, lebe nun fröhlich und genieße, was die Erde dir bietet. Gerade dabei kann uns aufgehen, was durch uns geschehen soll und kann. Gerade dabei könnten uns die Augen aufgehen für das ungeheure Leiden, das von uns Menschen auf dieser Erde ausgeht und unter dem die Geschöpfe Gottes stöhnen, könnten uns die Ohren aufgehen für ihre Klagen und Anklagen.

Noch immer stehen wir vor Gott und noch immer können wir wissen: Alles, was ist, ist aus Gott. Alles, was ist, erzählt von seinen Gedanken. Er ist der Himmel über uns, die Erde unter uns und die ganze Welt der Geschöpfe um uns her. Wir sind in ihm, und wir leben, um ihn zu preisen und aus seiner Kraft Gerechtigkeit zu schaffen. Noch ist nicht Nacht. Noch sind wir berufen, in dieser Welt eine segnende Kraft zu sein. Gottes Geist helfe uns, diese unsere Berufung zu erfüllen.

Zu:
Vom sakramentalen Umgang mit der Erde

Feierabendmahl

5. ZU HAUSE SEIN

Ich lese einen Psalm, in dem einer darüber nachdenkt, wo und bei wem er letzten Endes zu Hause, an wessen Tisch er eingeladen sei und was das für ihn bedeute.

Herr, du siehst mich, du kennst mich.
Ich sitze oder stehe auf, so weißt du es,
du verstehst meine Gedanken von ferne.

Ich gehe oder liege, so bist du um mich
und siehst alle meine Wege.
Ja, es ist kein Wort auf meiner Zunge,
das du, Gott, nicht wüßtest.

Von allen Seiten umgibst du mich
und hältst deine Hand über mir.
Das ist zu wunderbar, zu unbegreiflich,
zu hoch für meine Gedanken.

Wohin soll ich gehen vor deinem Geist?
Wohin fliehen vor deinen Augen?
Steige ich zum Himmel, so bist du da,
verberge ich mich im Tode,
so bist du auch dort.

Nehme ich Flügel der Morgenröte
und bleibe am äußersten Meer,
so wird deine Hand mich finden
und deine Rechte mich fassen.

Spreche ich: Dunkel möge mich decken
und Nacht statt Licht um mich sein!
so ist auch Finsternis nicht finster für dich,
und die Nacht leuchtet wie der Tag.

Denn du hast mich bereitet,
meinen Leib und meine Seele,
du hast mich so fein gewoben
im Leib meiner Mutter.

Ich danke dir, daß ich so wunderbar gemacht bin.
Wunderbar sind deine Werke,
meine Seele versteht das wohl.

Du warst mir schon nahe,
du sahst mich schon fertig vor dir,
als ich, den Augen der Menschen verborgen,
gebildet wurde und meine Gestalt fand.

Du sahst alle meine Tage und Jahre,
in deinem Buch standen sie alle,
alle meine Tage hast du aufgeschrieben,
als noch keiner begonnen hatte.

Deine Gedanken sind so schwer und groß,
o Gott, wie gewaltig ist ihre Zahl!
Wollte ich sie zählen, so wäre es,
als zählte ich die Sandkörner am Meer.

Und schliefe ich darüber ein,
so zählte ich weiter im Traum
und merkte erwachend, daß ich weiterzählte
und an kein Ziel kam.

Erforsche mich, Gott, und sieh in mein Herz,
auch, was mir selbst in mir verborgen ist,
damit ich nicht, ohne es zu wissen,
auf dem Wege ins Unheil bin.

Leite mich, daß ich mein Ziel finde,
jetzt und in Ewigkeit.

Psalm 139

Ich weiß natürlich nicht, wie Sie persönlich sich den vorstellen, den wir „Gott" nennen. Was für ein Gesicht er trägt. Was Sie ihm gegenüber empfinden. Für viele ist er das Gegenüber, zu dem sie sprechen. Der Nahe, dem sie vertrauen, der Heilige, dem sie sich beugen. Für andere ist er ein Wort, das irgend etwas bedeuten mag, aber mit dem sie nichts Rechtes anfangen. Und für dritte ist er der Fremde, der Schweigende, der Ferne oder gar der Feindselige, vor dem sie sich schützen. Die hintergründige Gefahr, vor der sie sich fürchten. Wer er für Sie ist, weiß ich nicht.

Das Lied aus den Psalmen, das ich gelesen habe, so scheint mir, verbindet alle diese so verschiedenen Bilder von Gott.

Der Sänger unseres Psalms beginnt fast selbstverständlich, so, als wäre dieser Gott ein alter Vertrauter:

Herr, du siehst mich. Du kennst mich.
Ich sitze oder stehe auf, so weißt du es.
Du verstehst meine Gedanken von ferne.
Ich gehe oder liege, so bist du um mich
und sieht alle meine Wege.

Aber dann möchte er doch verhindern, daß ihm Gott ins Vertrauliche gerät, und sagt: Daß du mir so nah bist, das ist für meine Gedanken zu hoch. Ich rede von dir, aber im Grunde weiß ich nichts. Ich vertraue dir, aber im Grunde habe ich keine Ahnung, wer du bist:

Es ist alles zu wunderbar, zu unbegreiflich,
zu hoch für meine Gedanken.

Und von hier aus wird ihm Gott nun doch noch unheimlich, und er überlegt sich, wie er ihm entkommen, wie er ihn loswerden könne:

Wohin soll ich gehen vor deinem Geist?
Wohin fliehen vor deinen Augen?
Steige ich zum Himmel, so bist du da,
verberge ich mich im Tode, so bist du auch dort.
Nehme ich Flügel der Morgenröte
und bleibe am äußersten Meer,
so wird deine Hand mich finden
und deine Rechte mich fassen.
Spreche ich: Dunkel möge mich decken
und Nacht statt Licht um mich sein,
so ist auch Finsternis nicht finster für dich,
und die Nacht leuchtet wie der Tag.

Und das alles ist ihm nicht eigentlich tröstlich, sondern höchst unbehaglich, denn wer kann schon wissen, was Gott in Wahrheit mit ihm vorhat. Und ich finde es gut, daß auch die frommen Liederdichter der Bibel so hin- und hergerissen sind zwischen Vertrauen und Angst, zwischen Dankbarkeit und Anklage gegen den gefährlichen, den feindseligen Gott.

Und wenn Sie mich fragen, dann kann ich nur sagen: Das kenne ich sehr gut von mir selbst. Auch für mich hat Gott viele Gesichter. Ein nahes und vertrauenswürdiges, ein fremdes, das mir immer ein Rätsel bleiben wird, und ein dunkles, in dem sich alles Elend, alles Leiden und Sterben von Menschen verbirgt.

Er ist der, mit dem ich rede, als wäre er ein Mensch, der mir gegenübersteht. Und wie einen Menschen rede ich ihn an und sage: Du, Gott, wie der Psalmdichter anfängt.

Und er ist der, der nicht da ist. Unerreichbar in irgendeiner Ferne, jedenfalls für mein Empfinden und Nachdenken, und ich verstehe sehr gut, daß er für viele Menschen einfach nur abwesend ist, nicht vorhanden.

Und er ist zum dritten der, mit dem ich streite, wenn ich morgens in der Zeitung oder abends in der Tagesschau von all dem Elend erfahre, das in dieser Welt herrscht, von dem Hunger und dem Streit, dem Entbehren und dem Sterben allüberall.

Und immer wieder finde ich doch wieder zurück zu dem einfachen Gespräch mit ihm und zu dem Vertrauen in seine barmherzige Nähe.

Am Ende findet der Dichter zu sich selbst zurück und nimmt auch sich selbst aus Gott entgegen:

Du hast mich bereitet,
meinen Leib und meine Seele.
Du hast mich so fein gewoben
im Leib meiner Mutter.
Ich danke dir, daß ich so wunderbar gemacht bin.
Wunderbar sind deine Werke,
meine Seele versteht das wohl.
Du warst mir schon nahe,
du sahst mich schon fertig vor dir,
als ich, den Augen der Menschen verborgen,
gebildet wurde und meine Gestalt fand.

Und so nimmt er auch sein Schicksal an und sagt:

Du sahst meine Tage und meine Jahre.
In deinem Buch standen sie alle.
Alle meine Tage hast du aufgeschrieben,
als noch keiner begonnen hatte.

Im Grunde ist ihm Gott nicht so sehr nur das Du, zu dem er redet wie zu einem Menschen. Im Grunde ist Gott ihm die Luft, in der er atmet, der Boden, auf dem er steht, der Himmel, der sich über ihm wölbt, oder gar das Meer, in dem er schwimmt wie ein Fisch, das ihn trägt und ihn von allen Seiten umgibt. Er weiß sich von allen Dingen und Elementen dieser Welt umgeben und sieht: So ist Gott um mich her und in mir selbst.

Und wenn ich das nachempfinde, dann weiß ich: Es kann mir viel begegnen, das ich nicht ahne. Es kann viel geschehen, das ich nicht erwarte. Es kann mir viel widerfahren, und in allem wird Gott sein. Überall ist sein Geist. Nichts besteht ohne seinen Geist. Nichts verwandelt sich ohne ihn. Nichts wird wieder zu Erde ohne seinen Geist. Meine Lebenszeit ist Zeit seines Geistes in mir. Mein Werden und Vergehen ist Werk seines Geistes. Das ist einfach. Und es ist wahr, wenn irgend das Wort „Gott" Sinn und Substanz hat.

Alles, was ich schaue an Bildern dieser Welt, ist Spiegel und Gleichnis seiner Gegenwart. Was wahr ist, ist die Wahrheit Gottes. Was lebt, ist das Leben Gottes. Was schön ist, ist seine Schönheit. Was leidet, in dem leidet Gott. Was stirbt, stirbt in ihn zurück. Gott ist das Meer alles dessen, was ist. Auch das Meer in mir selbst, das ich nicht ergründe. Denke ich Gott, so tauche ich ein in ein Meer unendlicher Gegenwart, und von keinem Wesen, auch keinem Werk eines Menschen ist vorstellbar, daß es anderswo wäre als in ihm. Glauben könnte ich also beschreiben als eine Art von ozeanischem Bewußtsein.

Dabei weiß ich, daß mir Gott auf keine Weise begreiflich ist. Ich kann nur alle dunklen Rätsel dieser Welt ertragen, sie ihm sozusagen zurückgeben und versuchen, ihm dennoch zu vertrauen, obwohl ich ihn nicht verstehe. Ich höre Jesus Christus von ihm reden. Ich sehe, wie Jesus mit Gott lebt. Ich sehe, wie er unter Gott und seinem Rätsel leidet, und versuche, meine Gedanken in seine Richtung zu führen.

Unser Psalm endet nicht eigentlich resignierend, wohl aber so, daß er alles ausräumt, was nach allzu einfältiger Vertraulichkeit aussieht. Er sagt:

Deine Gedanken sind so schwer und groß.
O Gott, wie gewaltig ist ihre Zahl.
Wollte ich sie zählen, es wäre,
als zählte ich die Sandkörner am Meer.

Und schliefe ich darüber ein,
so zählte ich weiter im Traum
und merkte erwachend, daß ich weiterzählte
und an kein Ziel kam.

Was folgt für mich daraus? Für alle Fälle dies, daß ich mich nicht beteiligen werde an dem jahrtausendealten und weltweit verbreiteten Streit darum, wer oder was Gott sei. Ich werde vermuten, daß Gott sich uns Menschen unendlich vielfältig offenbaren wird. Und ich vermute, daß wir Menschen, reden wir von Gott, immer nur Teilwahrheiten zu verantworten haben werden. Die Teilwahrheit, die mir gezeigt ist, mir anvertraut. Mehr nicht. Ich vermute etwas, obwohl ich gewiß bin, mitten in Gott zu sein, und Gott bis in alle Geheimnisse meiner Seele hinab in mir trage.

Was also soll ich tun? Ich meine, ich solle Gott dort suchen, wo er mir, von allen meinen eigenen Gedanken abgesehen, am glaubwürdigsten begegnet, und das geschah im Laufe meiner Lebensgeschichte immer wieder in der Gestalt des Jesus von Nazareth, in seinem Wort und in seinem Willen. Es hat sich mir von Jahr zu Jahr klarer erwiesen, Jesus Christus spreche in seinen einfachen Geschichten so von Gott, wie es dem abgründigen Geheimnis Gottes angemessen ist, und er wisse, wovon er rede.

Wenn ich aber einmal begriffen habe, daß ich mit meinen Augen und mit meinem Verstande Gott nicht sehen werde, werde ich zugleich wissen, daß ich von ihm gesehen bin. Und daß meine Beziehung zu ihm nicht über Gedanken zu begreifen ist, sondern so, daß ich mich in meiner engen Welt von ihm umgriffen weiß. Und da kann es dann mit Gott auch sehr einfach werden, fast selbstverständlich. So, daß da ein Haus ist, in dem ich meinen Platz habe. So, daß da eine Tür ist, durch die ich nur zu gehen brauche. So, daß da ein Tisch ist, an dem der Wein und das Brot auf mich warten. So, daß da ein Gastgeber ist, der mich gesehen hat. Längst, ehe ich an dieses Haus kam. So, daß da eine Stimme ist, die sagt: Setz dich. Nimm. Iß. Trink. Und so, daß da mit mir andere durch die Tür kommen, die sich an denselben Tisch setzen und von demselben Brot essen. Andere, die mir nahe sind, als hätten wir immer zusammengehört. So, daß da um uns ein Zusammenhang spürbar wird, jener große und endgültige Zusammenhang, den Jesus das Reich Gottes nennt. Spürbar hier auf dieser Erde trotz ihrer Heimatlosigkeit und Einsamkeit, ihrem Streit und ihrer Armut. Und so kann es nicht nur mit mir und meinem Geschick sehr einfach werden, sondern auch mit meinem Rätselraten über Gott.

So, daß ich ihn am Ende auch mit sehr einfachen Worten anrede, die Sie mit mir zusammen zu Ihren eigenen Worten machen mögen, wenn Sie wollen:

In dir sein, Gott, das ist alles.
Das ist das Ganze, das ist das Heilende.
Ich schließe die Augen des Leibes
und öffne die Augen des Geistes und des Herzens
und weiß mich umgeben von deiner Gegenwart.

Ich hole mich aus all meiner Zerstreutheit zusammen
und vertraue mich dir an.
Ich lege mich in dich hinein
wie in eine große Hand.

In dir sein, Gott, das ist alles,
was ich suche.
Damit habe ich alles erbeten,
was ich brauche für Zeit und Ewigkeit.

Damit haben wir miteinander alles erbeten, was wir brauchen, um an seinem Tisch zusammenzukommen. Wir sind eingeladen. Es ist alles bereit.

6. DAS HERZ WEIT MACHEN

Wir haben uns hier zu einem Mahl zusammengefunden, zum Christusmahl, wie ich es einmal nennen möchte. Wir kommen nach Hause. Wir wissen, an wessen Tisch wir uns setzen. Wir sind seine Gäste, auch wenn wir es nicht wert sind. Wir hören ihn sagen: Komm und iß! Komm und trink!

Wenn wir aber nachher auseinandergehen, werden wir als die künftigen Gastgeber auseinandergehen. Christus, der Gastgeber, wird in uns sein, und wir werden, so ist das gedacht, ihn verkörpern. Wir werden wissen, daß da Menschen sind, die ein Haus suchen, einen Tisch und einen Menschen, der zu ihnen sagt: Nimm und iß. Nimm und trink.

Es ist nichts Neues, daß uns Menschen das Teilen so schwer fällt. Bis zum Überdruß wird uns das in unserer Zeit vorgeführt. Bis zum Überdruß wissen wir uns verurteilt durch das, was um uns her geschieht, und durch das, was dabei durch uns selbst geschieht. Daß die einen hungern und die anderen ihr Brot in die Mülltonnen werfen. Und doch: Immer neu und unbekannt ist uns, woher im Ernstfall die Kraft kommen könnte, die Dinge zu ändern. Davon will ich reden.

Jesus erzählte einmal mit einem einzigen Satz eine Geschichte. Wir kennen sie alle. „Das Reich Gottes wirkt in diese Welt ein, wie ein kleines Bällchen Sauerteig wirkt, das eine Frau nimmt und unter eine Wanne voll Teig mengt, bis es den Teig ganz durchsäuert."

Wie geht das zu, dieses Durchsäuern? Wie geht das zu, daß aus dem Teig am Ende genießbares, nährendes Brot wird, so zart und locker, daß ein Mensch davon essen kann, so duftend, daß er Lust hat, es anderen anzubieten? Und wie geht es zu, daß dieses unscheinbare Stück Teig zu einem Gleichnis wird für das Kommen des Reiches Gottes? Im Munde Jesu werden ja alle Dinge plötzlich durchscheinend auf etwas Großes. Auf das Größte, was es gibt, das Reich.

Die Frau nimmt den Sauerteig in die Hand und weiß, wie kostbar er ist. Ohne ihn wäre es unmöglich, daß sie für ihre Familie an diesem Tag Brot backte. Was nehmen wir in die Hand?

Wenn wir im Heiligen Mahl Brot und Wein in die Hand nehmen, begegnen uns Bilder für die ganze Schöpfung. Brot und Wein. Alles, was uns am Leben erhält. Alles, was schön und sinnvoll und liebenswert ist, was uns erfreut und nährt. Wenn ich ein Sakrament in die Hand nehme, also ein Ding dieser Erde, das verbunden ist mit dem Geist Gottes, dann nehme ich alles in die Hand. Dann liebe ich Bäume und Felsen, Bäche und Singvögel, ich liebe die Wüste und den Sumpf, das Meer und das Hochgebirge und die sanften Formen von „Berg, Hügel, Tal und Feldern". Ich habe nichts gegen die Erde, auch nichts gegen ihre Leiblichkeit, nichts gegen ihre Vitalität und Hintergründigkeit, nichts gegen Fäulnis und neues Leben aus der Verwesung. Ich finde sie gut, einschließlich von Geburt und Tod in ihrer tausendfältigen Gestalt. Ich fühle mich ganz und gar als ein Wesen dieser Erde, und ehe ich in das allgemeine Klagelied über Leid, Gewalt und Tod in ihr einstimme, bin ich gesonnen, immer noch einmal dafür zu danken, daß ich in dieser herrlichen, vitalen, schönen Welt lebe.

Und ich bin dankbar, daß der Stifter des christlichen Glaubens mir nicht geboten hat, diese schöne Erde zu verachten. Wenn ich Jesus zuhöre, bin ich der Erde sehr nahe. Dann höre ich ihn von einem Acker reden, von einer Quelle, von Bäumen und Blumen, von Sturm und Unwetter, vom Abendrot oder vom Licht oder vom Feuer, von Brot und Wein, von den Fischen im See oder den Schafherden in der Steppe und von den Menschen auf den staubigen Straßen seiner Heimat. Er hat wohl selten aus einem Buch vorgelesen. Offenbar ging er davon aus, daß Himmel und Erde einander näher seien, als wir meinen, daß dort wie hier die gleichen Kräfte und Gesetze am Werk seien, in der sichtbaren wie in der unsichtbaren Welt, und wollte mit allen seinen Reden auch sagen: Wenn du das Unsichtbare begreifen willst, dann tu die Augen auf und die Ohren, nimm wahr, was nahe bei dir, hier auf der Erde geschieht. Er hat nie eine Religion vertreten, die im Kult allein stattfindet oder in den Gedanken allein, eine Religion, die keine Erdberührung hätte und an dieser Erde nichts bewirkte.

Bei Jesus spiegelt alles, was wahr ist, sich in den Bildern, die die Erde hat. Alles, was wir begreifen sollen, müssen wir bei ihm greifen, wie man eine Handvoll Erde aufnimmt, wie man einen Stein in der Hand hat oder ein Stück Eis in ihr schmelzen läßt, ein Brot bricht oder die Hand eines Menschen wärmt.

Was wahr ist, muß sich öffnen wie ein Fenster, das einen Blick freigibt auf ein weites Land, oder wie eine Tür, durch die man tritt. Darum redet die Bibel von dem, was wir nicht sehen, immer in Bild und Gleichnis. Sie redet von Gottes Geist und erinnert uns an das, was wir von Wind, Sturm oder Feuer wissen. Sie redet von Gottes Reich, als wachse es wie Weizen aus der Erde. Die erdnahen und erdhaften Bilder sind das Ende der Wege, die Gott mit unserem Nachdenken geht. Es sind die Bilder, die wir im Geviert unseres irdischen Lebens erwandern können.

Ich verstehe leicht, daß unsere Vorfahren sich bemühten, die „vier Elemente" zu verstehen: die Erde, das Wasser, die Luft und das Feuer, die Urformen aller sichtbaren Gleichnisse, die in Farbe und Gestalt und allen wahrnehmbaren Signaturen von dem reden, dessen Gestalt und Wesen uns so lange unsichtbar bleiben, bis wir erwachen und er uns die Augen öffnet.

Denn die Schöpfung lebt von den Brechungen des Lichts. Wir sehen Farben, nicht das Licht. Spiegelungen sehen wir, Abglanz, „Licht vom unerschaffenen Lichte". Wir sind

Wesen dieser Erde, und wer die Erde verstehen will, der wird seine Lebendigkeit einbringen müssen, mehr als seine Kenntnis. Wer der Welt gegenübersteht, wird sie nicht begreifen. Er ist ja ein Teil von ihr, und sein Wesen ist eins mit dem Wesen aller Dinge. Und sein Herz muß so groß sein, daß es Raum hat für das Geheimnis, das in allen Dingen ist.

Deshalb sagt die Bibel: Du mußt mit dem Herzen denken. Das „Herz", das bin ich selbst, das bin ich als ganzer Mensch mit allen meinen Kräften, mit Händen und Füßen, mit Geruch und Geschmack, mit Leib und Seele und Geist. Mit dem Herzen zu denken, das ist der erste Schritt. Der Schritt, den wir auch den „ehrfürchtigen" nennen können, den Schritt in die Anfänge der Ehrfurcht.

Die Frau nimmt ein Bällchen Sauerteig, das sie von den Vortagen aufbewahrt hat, und vertraut darauf, daß es sein Werk tun wird, nämlich den Teig zu eßbarem Brot zu machen. „Sorgt nicht um euer Leben", sagt Jesus. „Sorgt nicht um euer Essen und eure Kleidung. Seht die Vögel unter dem Himmel und die Lilien auf dem Feld an."

Sorglosigkeit – Vertrauen – das wächst unter uns Menschen nur mühsam, und heute vielleicht mühsamer denn je. Heute, da fast alles der Mensch selbst macht. Der Anfang des Vertrauens liegt heute vielleicht für viele dort, wo wir bestimmte Erfahrungen machen, zum Beispiel die, daß die Kräfte, die die Geschichte vorwärtstreiben, nicht die des Menschen allein sind. Daß die schöpferische Kraft im Kosmos nicht die des Menschen ist. Daß die Stufenleiter der Geschöpfe mit einiger Gewißheit höher reicht als nur bis zum sogenannten homo sapiens. Und daß am Ende die Rede von Gott keineswegs ein Relikt aus vergangenen Zeiten ist, sondern eine Notwendigkeit für den, der wissen will, woher für die Zukunft rettende und heilende, erlösende und befreiende Kräfte kommen sollen. Vertrauen kann wachsen, wo Ehrfurcht ist.

Darum, sagt Jesus, sorge dich in erster Linie um das Werden des Gottesreiches in dir und um dich her und tue das Gerechte, das ihm entspricht. Alles andere wird dir zufallen.

Der Himmel ist dir näher, als du denkst. Und der Vater sieht dich. Das ist genug. Der Vater ruft dich in sein Haus. Er lädt dich an seinen Tisch. Er sagt: Nimm und iß.

Ich darf also sagen: Ich sorge mich nicht, „wenngleich die Welt unterginge und die Berge mitten ins Meer sänken". Was sollte in Gottes Welt – und selbst in ihrem Untergang – verlorengehen?

Ich brauche nicht zu leben in dem ständigen Zwang, mich zu bewähren. Ich muß nichts beweisen, auch nicht, daß ich besser bin als andere. Ich bin in Gott, und niemand kann mich von seiner Liebe scheiden.

Ich rede mit Gott. Aber meine Nähe zu ihm hängt nicht daran, ob ich ständig rede. Ich bin ihm nahe, auch wenn ich höre. Wenn ich schaue. Längst habe ich seine Liebe empfangen, ehe ich anfangen konnte zu reden.

Ich weiß, daß Gott mich wahrnimmt. Daß er weiß, was ich brauche. Ich brauche ihn nicht zu erinnern, daß ich da bin. Ich brauche ihm nicht ständig zu sagen, wie das Elend aussieht, unter dem ich leide, im großen oder im kleinen.

Mein Glaube findet auf der Erde statt. Hier höre ich, was Jesus Christus mir gesagt hat und auf das ich mit aller Aufmerksamkeit achte. Und hier werde ich ihn wiederfinden überall, wo seine Erde ist.

Ich versuche ein paar wenige Gedanken Gottes mitzudenken. Denn sie sind tiefer als die meinigen und höher als alle unsere Vernunft. Ich nehme weniges wahr, wie es meinem Geist entspricht, und mir ist mehr verborgen, als ich je sehen und begreifen werde.

Ich glaube an den Schöpfer dieser Welt, die ich sehe, und an den Herrn und Schöpfer jener viel größeren Welt, von der ich nicht den Schatten einer Ahnung habe. Ich glaube an ihn, weil Jesus von ihm spricht. Weil er von seinem Reich spricht. Weil er sich in dem Vertrauen, daß er in der Liebe Gottes zu Hause sei, zu mir herab begeben hat bis zum Tode und weil er vor seinem Ende die Dinge dieser Erde zu Gleichnissen des Gottesreiches gemacht hat, und das heißt zu Sakramenten. Ein Sakrament, das ist ja ein Ding dieser Erde, zu dem ein Wort hinzutritt, das es deutet. Ein Ding dieser Erde, das von Gottes Geist erfüllt ist, von der Liebe Christi und von der Kraft des Schöpfers.

Ehrfurcht – das war der erste Schritt. Vertrauen – das war der zweite. Nun der dritte: Am Ende erfüllt das Brot, das jene Frau bäckt, seinen Sinn, wenn die Frau es nimmt und es auf den Tisch legt und zu ihrem Mann und ihren Kindern sagt: Nehmt euch und eßt. Das Brot also hat den Sinn, dasselbe zu bewirken wie ein Sakrament: nämlich Kraft zu geben und Lebendigkeit.

Wenn ich vom Christusmahl aufstehe, dann ist dieses Brot in mir. Christus ist in mir. Ich brauche mich also nicht zu fragen, ob ich die Kräfte habe, zu tun, was Gott von mir will. Er selbst wirkt in mir, was nach seinem Willen ist, und ich werde ohne Mühe begreifen, was das ist, was er will.

Es ist eine Gewißheit in mir, die ihren Boden nicht in mir hat, sondern in dem festen, breiten und tiefen Grund, den Gott in mir selbst gelegt hat.

Ich brauche mich gegen die Welt und die Menschen nicht zu wehren und nicht abzuschirmen. Sie gehören zu mir. Ich kann sie annehmen und bejahen und ihnen wehrlos und freundlich gegenübertreten. Ich brauche niemand zu hassen und niemand zu fürchten. Ich kann diese Welt und ihre Menschen und alles, was in ihr geschieht, mit meiner ganzen Kraft vertreten.

Und so werden das Brot und der Wein auch in meiner Hand wieder zu Sakramenten. Alle Dinge dieser Welt können zu einem Sakrament werden. Auch das Geld, das ich weiterreiche. Auch die Zeit, die ich hingebe. Auch die Zeichen der Güte, die ich einem anderen Menschen gebe.

Ich kann meine Kräfte ausgeben, ohne die Sorge, woher ich sie wieder bekommen werde. Ich kann auf dieser Erde etwas tun, etwas wirken für die Menschen und für die Wahrheit. Ich kann es mir leisten, nachzudenken, ich kann mir die Zeit nehmen, auf das Wort von Christus zu hören und ihm zu antworten. Ich kann mir erlauben, auszusprechen, was andere verschweigen, Unbequemes tun, Zwänge durchbrechen, die Freiheit der anderen schützen, für die Sprachlosen reden, das Unterdrückte benennen und, wenn es nicht anders geht, um der Menschen willen und der Wahrheit und der Gerechtigkeit willen das Schicksal eines Leidenden oder eines Verfolgten auf mich nehmen. Im Namen und mit der Kraft des Christus. Es ist dann nicht mehr wichtig, was die Menschen über mich reden, sondern nur, ob ich in Übereinstimmung bin mit dem Wort, das Christus für uns spricht. Denn weil dieses Wort bei mir wohnt, bleibt mir im großen Meer der Täuschungen die Wahrheit gewiß. Bleibt mir im unendlichen Meer der Finsternis das Licht. Bleibt mir am Ende im grundlosen Meer des Todes das Leben.

Der Weg zum Leben, den Jesus uns zeigt, ist daran kenntlich, daß ich sagen kann:

Die Zukunft ist offen. Es kann noch viel geschehen, das ich noch nicht kenne. Ich bin gespannt, was morgen sein wird. Die Zeit bis dahin versuche ich, so intensiv wie möglich zu leben, in möglichst großer Offenheit. Ich baue keine Mauer um mein Leben, sondern breite es aus. Ich sichere meine Freiheit nicht, sondern breite meine Freiheit aus. Ich erwarte trotz aller gegenteiligen Erfahrungen, daß etwas geschehen kann, das mir neu ist. Das die Lage verändert.

Wer sein Leben sichern will, sagt Jesus, der wird es verlieren. Wer auf die Erhaltung seines Lebens nicht achtet, der wird es gewinnen.

Da kann man dann anfangen, ein paar gewohnte Gedanken wegzulegen und andere zu denken, die man noch nicht ausprobiert hat. Da kann man anfangen, ein wenig sorglos zu werden gegenüber den kleinen Themen des Tages, die so riesig vor einem stehen.

Da kann man den Wahn ablegen, es komme darauf an, daß man alles machen müsse. Es komme darauf an, daß man alle Probleme löse, weil das ein anderer ja doch nicht könne. Da kann man die Angst ablegen, es könne eines Tages nicht mehr alles wachsen und größer werden und noch kolossaler, als es jetzt schon ist. Da kann man die Angst ablegen davor, daß vielleicht irgendwann Gefährliches auf uns zukommt, von dem man noch nichts sieht, und kann sich dem Tag zuwenden.

Und da sagt Christus zu Ihnen und zu mir:

Ich gebe dir Grund unter deine Füße. Ich gebe dir Raum zum Leben und zum Atmen. Ich gebe dir Kräfte. Trau ihnen etwas zu. Und dann geh hin ohne Sorge um dich selbst und lebe und rede und handle als einer, der im Reich Gottes lebt.

Darin liegt der Sinn des Heiligen Mahls. Und darin liegt der Sinn deines Lebens, wenn du vom Mahl aufstehst und die Dinge dieser Erde in deiner Hand zu den Sakramenten werden, von denen die Menschen leben. Auch durch dich. Und diese Erde zu einer Szene wird, in der die Anfänge geschehen, von denen Jesus spricht: die Anfänge des Reiches Gottes.

7. BROT UND WEIN ALS GESCHENK DER ERDE

Wenn die Ansprache nach der Kommunion vorgesehen ist

Als Jesus mit den Seinen das letzte Mahl hielt, sprach er von sich selbst als dem Weinstock:

„Wie ein Weinstock seinen Reben die Kraft gibt, zu leben und Frucht zu bringen, so gebe ich euch das Leben. Mein Vater ist wie ein Weingärtner. Wenn eine Rebe Frucht bringt, reinigt er sie, damit mehr Frucht an ihr wächst.

Ihr seid schon rein. Ihr seid fähig, Frucht zu bringen, nachdem mein Wort durch euer Herz gegangen ist. Bleibt an mir und laßt mich in euch wirken. Gebt einander die Liebe weiter, die ihr von mir empfangen habt. Ich will euch die Kraft dazu senden, den Geist Gottes, den Geist der Wahrheit. Er wird euch erfüllen. Er wird euch leiten. Er wird euch euren Weg zeigen: den Weg in die Herrlichkeit des Vaters" (aus Johannes 15).

Wir haben einander das Brot von Hand zu Hand gereicht. Wir haben einander den Wein weitergegeben. Wir haben es in dem Bewußtsein getan, daß wir hier das innerste Geheimnis unseres Glaubens berühren, und haben dafür gedankt. Was ging uns dabei auf? Was konnten wir dabei erfahren?

Wenn wir Brot und Wein in die Hand nehmen, dann geht uns auf, wie sehr wir unser leibliches Leben der Erde verdanken, der Krume, dem Wind, der Sonne, dem Regen, der unerhört reichen Welt kleiner und kleinster Lebewesen, die die Erde fruchtbar machen, und den so unvorstellbar fein organisierten Gesetzen des Wachstums und der Vermehrung.

Wenn wir Brot und Wein in die Hand nehmen, dann geht uns auf, daß das elementare Leben nicht etwas ist, das abseits des geistlichen Lebens liegt, sondern etwas, das vom geistlichen Leben und Empfinden durchdrungen sein will, von Ehrfurcht und Einsicht. Wenn wir Brot und Wein genießen, übernehmen wir Verantwortung für die Fruchtbarkeit der Erde, geistliche und praktische Verantwortung.

Denn das können wir nun mittlerweile wissen, daß unsere vergiftete Erde irgendwann unfähig sein wird, eßbare Frucht hervorzubringen. Wenn wir Brot und Wein in die Hand nehmen, übernehmen wir Verantwortung für die Felder und die Weinberge, die zugrunde gehen unter der Geistlosigkeit, in der die Menschheit heute mit den kostbarsten Gütern umgeht.

Wenn wir Brot und Wein, die Frucht der Erde, in die Hand nehmen, bekennen wir, daß wir dies beides nicht geschaffen haben, sondern entgegennehmen. Daß die Erde nicht uns gehört, sondern Gott, daß wir als Gäste dieser Erde leben und daß, was die Erde uns reicht, in uns etwas bewirken will. Aber was will es bewirken?

Immer, wenn irgendwo eine Tischgemeinschaft gelingt wie hier, empfinde ich: So müßte es eigentlich unter uns zugehen. So müßten die großen und schweren Lebens- und Überlebensfragen der Menschheit sich lösen lassen. Und wirklich hat ja Jesus Christus das Heilige Mahl als einen Vorgriff verstanden auf eine verwandelte Welt.

Da nehmen wir aus der Hand Gottes die Kraft zu leben, die Gedanken, die Phantasie, die Güte, die wir für einander brauchen, mit der Bestimmung, damit der Menschheit zum Leben zu helfen, zu einer Perspektive für ihre Zukunft.

Lese ich aber am anderen Morgen die Zeitung, so packt mich wieder das Leiden am Zustand dieser Welt im kleinen und im großen. Und wenn ich meinen Anteil am Zustand dieser Welt bedenke, dann packt mich auch das Leiden an meinem eigenen Zustand. Und ich frage mich: Wenn es das doch gibt, daß wir von Christus erfüllt sind, wenn doch Christus uns unseren Auftrag gegeben hat, wenn er uns die Kräfte und die Gedanken gibt, wer bin ich denn dann? Der begnadete Mensch oder der hilflose? Und was ist dann der Sinn meines Lebens: das Mitlaufen im allgemeinen Trott oder die Arbeit für Gottes Reich und die Erlösung und Befreiung der Menschen?

Jesus Christus sagt zu seinen Tischgenossen: „Ich will euch den Geist Gottes senden. Er wird euch erfüllen." Bedeutet das nicht, daß er in uns Träger des Geistes Gottes sehen möchte, Empfänger des Geistes und seiner Instrumente? Wir sind also dazu berufen, nach Gott hin offen zu sein und seine Gefäße zu werden, die Stellen, durch die hindurch er in die Menschenwelt eingeht.

Dann stehen wir also an Gottes Stelle in der Welt. Wir machen ihn sichtbar. Wir handeln in seinem Auftrag. Das klingt sehr groß, aber so ist es gemeint. Wir sind dann durchlässig für das, was aus dem Geist Gottes durch uns hindurchgehen will. Das Entscheidende am Essen von Brot und am Trinken von Wein im Heiligen Mahl ist das Wort, das uns den Sinn dieses Essens und Trinkens deutet. Dieses Wort geht mit Brot und Wein durch uns hindurch und macht uns rein. Selig sind, die reinen Herzens sind, sagt Jesus. Was ist denn ein reines Herz?

Im allgemeinen deuten wir das Wort ähnlich wie das Wort sauber. Ein reines Herz, das heißt für Christen meist so viel wie: ein Mensch, der die Gebote nicht übertritt, der keusch lebt, enthaltsam, gehorsam, ein Mensch, der das Böse meidet.

Aber über diese Art Reinheit hat schon Jesus gespottet. Er erzählt einmal von einem Menschen, der das Haus seiner Seele reinfegte bis in den letzten Winkel, der alle bösen Gedanken und alle bösen Geister austrieb. Und als dann ein Dämon vorbeikam und das schön gesäuberte, leere Haus sah, da holte er sich sieben Freunde, und sie brachen in das Haus ein, und der Mensch war von Bosheit erfüllt und von allen Teufeleien, schlimmer als zuvor.

Nein, sagt Jesus, das ist ein Mißverständnis. Rein und sauber sind nicht dasselbe. Durch das Säubern des Herzens, sagt Jesus, entsteht allenfalls ein leeres Herz, und das leere Herz füllt sich alsbald wieder mit allem, was man einmal ausgefegt hat.

Was meint Jesus? Er sagt einmal: Ihr seid rein, weil mein Wort durch euch hindurchgegangen ist. Und er sagt ein andermal: Es kommt darauf an, daß Leben in das Herz kommt. Und wer die Lebendigkeit, das Wasser, sagt er, das ich ihm gebe, aufnimmt, der gewinnt eine lebendige Quelle, die in ihm selbst sprudelt. Jesus sagt also: Das schöpferische Wort muß durch das Herz gehen, so wird das Herz rein. Und dieses Wort weckt eine Quelle, aus der das Leben kommt. So wird das Herz lebendig. Und wenn einmal diese Quelle aufgebrochen ist, dann hat das begonnen, was wir das ewige Leben nennen. Das Leben aus Gott und das Schauen Gottes.

Das reine Herz ist also das lebendige, warme, durchströmte Herz. Es ist das Herz, das ein Wort hört und ein Wort sagt. Es ist das Herz, in das etwas eingeht und von dem etwas ausgeht. Es ist letztlich das von Gott durchströmte Herz. Und dieses Herz, das von Gott durchwandert wird, schaut Gott. Es wird glücklich sein.

Wie aber können wir dieses Glück der Sinnerfüllung finden? Dieses Seligsein?

Unsere Zeit erstickt ja an ihren Problemen, und unzählige junge Menschen erstricken an diesen Problemen. Wer nichts vor sich sieht als seine Probleme, der wird nicht zum Leben kommen. Denn sein Grübeln oder auch Diskutieren befreit ihn nicht, erlöst ihn nicht, gibt ihm keinen Blick frei auf die Welt und auf die Menschen. Wer in sich eingemauert ist, wer Fenster und Türen dicht macht, um nur sein Elend zu meditieren, durch den wird nichts hindurchgehen, und er wird Gott nicht schauen, auch wenn Gott dicht vor seiner Tür vorbeigeht. Ein reines Herz, das Gott schaut, wird der finden, der die Läden und Türen aufmacht, der durch die Welt geht in der Erwartung, Gott zu finden in allen Dingen, in der Erwartung, Gott zu hören in allem, was er hört. Denn was mein Herz weit und glücklich macht, das ist Gott. Was mein Leben hell und licht macht, ist Spiegel und Gleichnis Gottes.

Unsere Zeit stirbt an ihrem Tätigkeitsdrang. An ihrer Überanstrengung der Seele. Aber dieses verkrampfte Tun und Schaffen und Sich-Bestätigen und Sich-vor-allen-Gefahren-schützen-Wollen führt dazu, daß die Kräfte stokken und nicht fließen. Es führt zur Lähmung des Herzens, letztlich zum Herzinfarkt der Seele. Am Ende stirbt der Glaube daran. Aber Jesus sagt ganz anderes. Er sagt: Du bist eine Rebe an einem Weinstock, laß den Saft strömen, dann lebst du, dann wächst etwas an dir, laß den Saft strömen, denn ohne mich kannst du nichts tun.

Ich brauche nicht zu sagen, wie schwer es ist, ein lebendiges Herz zu gewinnen. Wer heute die Welt ansieht, bekommt es mit der Angst, und die Angst stockt die Lebendigkeit des Herzens. Wer heute sieht, was Menschen mit Menschen tun, bekommt es mit dem Haß, und der Haß ist unrein. Wer heute sieht, wie Herrschende mit Völkern umgehen, der bekommt es mit dem Zorn oder mit der Empörung. Sie füllen das Herz und machen es voll, und am Ende wird das Herz am Zorn ersticken.

Wer es heute wagt, für die bedrohte Schöpfung auf die Barrikaden zu gehen, weil er sieht, daß man Holz nur noch als Brennholz sieht und nicht mehr Gott im lebendigen Baum, Erdöl nur noch als Erdöl, weil er sieht, wie unsere Zivilisation zu einem fressenden Ungeheuer geworden ist, das alles Lebendige verschlingt, wie kann er noch Augen haben für die Herrlichkeit Gottes oder für das Licht Gottes in allen Dingen?

Und doch. Wir müssen Gott schauen, wenn wir leben wollen. Wir schauen ihn im Brot und im Wein dieser Erde.

Und wir sehen die Elemente dieser Erde durchströmt vom Reichtum Gottes. Von seinem Geist und von seiner Liebe. Darum nennen wir sie ein Sakrament, ein Zeichen, in dem der heilige Gott uns nahe ist. Und das bedeutet, daß wir überhaupt mit dieser Erde umgehen werden wie mit einem Sakrament. Behutsam und ehrfürchtig. Mit allem, was aus Gottes Geist auf dieser Erde wachsen und leben und gedeihen will und das auf Menschen angewiesen ist, die durchlässig sind für den Geist Gottes. Als Instrumente des Segens, der aus Gott ist.

Wir werden den Haß ablegen und die Angst und die Verzweiflung, die uns manchmal gefangennehmen möchten, bis uns nur noch die Kraft bleibt, zu lieben. Die Kraft zu lieben vielleicht mit einem klagenden, mit einem weinenden Herzen um das Zerstörungswerk, das wir alle miteinander auf dieser Erde anrichten. Und in dieser Klage, die an die Stelle des Hasses getreten ist, kommt dann die Reinheit unseres Herzens zum Ausdruck, und was durch uns hindurchgeht, das ist die Klage Gottes über die große Leidensgeschichte seiner Schöpfung unter der Gewalt und Gedankenlosigkeit der Menschen.

Denn klagen kann man mit einem reinen Herzen. Weinen kann auch das Herz, das Gott schaut. Wenn unser Herz durchlässig sein soll für das Elend der Menschen und für die Lebendigkeit Gottes, dann dürfen wir nicht verzweifeln. Wir dürfen uns nicht einschüchtern lassen, nicht verängstigen, aber wir dürfen klagen, und wir dürfen hinzeigen auf das Elend der Schöpfung. Mit Gott zusammen und im Namen Gottes.

Und das ist dann der Sinn des Heiligen Mahls, wenn wir hören, wie Jesus sagt: Ihr seid rein, und zwar dadurch, daß mein Wort durch euch hindurchgegangen ist. Mein Wort, das heilt und tröstet, das Reife schafft und Frucht birgt. In der Welt habt ihr Angst, sagt Jesus, und die Angst hindert euch, Gott zu schauen. Aber laßt euch den Mut nicht nehmen. Ich habe die Welt überwunden. Und so, Überwundene, die überwinden können, seid ihr mit mir, Christus. Durch die Liebe und die Lebendigkeit, die durch euch hindurchströmen wollen, seid ihr rein. So, durchlässig für Gott und seinen Geist, schaut ihr Gott. Und ihr habt ihn in dieser Stunde geschaut, im Brot und Wein, in der Frucht der Erde.

Und wenn uns nachher der Segen zugesprochen wird, dann meinen wir mit „Segen" die Kraft des Wachstums und der Fruchtbarkeit. Es soll etwas Neues in uns entstehen, aus dem wiederum etwas Neues hervorgeht. Es soll in uns etwas gedeihen, das für andere Menschen zu Brot wird, aus dem Frieden heraus, der uns erfüllt.

So meinen wir mit dem Segen dies:

Der Herr segne dich. Er lasse dich wachsen und gedeihen.
Er lasse dich blühen und Frucht bringen. Du bist gesegnet.
So geh nun deinen Weg und sei ein Segen für viele.

Zu
Die neue Schöpfung

8. DIE ZUKUNFT DER SCHÖPFUNG

Das Schönste, das im Neuen Testament über die Schöpfung steht, lesen wir am Anfang des Johannesevangeliums, wo der Apostel für die Geschichte, die er uns erzählen will, die Geschichte von Jesus, nach ihrem allerersten Anfang sucht, und das heißt nach ihrem ersten und letzten Sinn:

Im Anfang war das Wort,
und das Wort war bei Gott,
und Gott war das Wort.
Am Anfang schon war es bei Gott.

Was aber jemals entstand,
wurde durch das Wort, das Gott sprach.
In ihm war die lebenschaffende Kraft,
und das Leben war das Licht der Menschen.

Und das Licht scheint in der Finsternis,
und die Finsternis hat's nicht begriffen.
Er, Christus, war das wahrheitstiftende Licht,
das für jeden Menschen leuchtet,

er war in der Welt,
und die Welt ist durch ihn gemacht,
der das Licht ist,
und die Welt erkannte ihn nicht.

Er kam in sein Eigentum,
und die Seinen nahmen ihn nicht auf.
Die ihn aber aufnahmen,
die an seinen Namen glaubten,
die machte er fähig, Gottes Kinder zu werden.
Nicht aus menschlichem Willen,
sondern aus Gottes schaffender Kraft.

Und das Wort wurde ein Mensch
und wohnte unter uns,
und wir sahen seine Herrlichkeit,
die Herrlichkeit, die der Sohn hat vom Vater,
voller Gnade und Wahrheit.

Und aus seiner Fülle haben wir alle
Gnade um Gnade empfangen.

Niemand hat Gott je gesehen,
der eine Sohn, der vom Vater kam,
hat zu uns gesprochen,
und hat uns verkündigt, wer Gott sei. Johannes 1

Am Anfang, so wird uns berichtet, sprach Gott: Es werde Licht. Und es ward Licht. Am Anfang also ging die Welt aus Gott hervor, wie ein Wort aus dem Munde eines Menschen hervorgeht. Etwas, das in Gott war, das aus Gott hervorging, wurde sichtbar und hörbar. Es wurde Welt. In jenem Urvorgang vor achtzehn Milliarden Jahren, wie man heute vermutet, begann dieses Sprechen Gottes, aus dem unsere Welt hervorging, und die ganze Entwicklungsgeschichte ist seitdem ein fortwährendes Sprechen Gottes, aus dem schließlich auch die Gestalten von Tieren und Pflanzen und Menschen hervorgingen. Und wenn ich die Großartigkeit und Schönheit dieser Erde und des Universums betrachte, dann möchte ich fast sagen: Gott singt die Welt aus sich hinaus. Die Welt ist ein großer Reigentanz, sagen die alten Kirchenväter. Sie ist eine große Musik, sagt Kepler. Und wenn wir hier miteinander singen, so versuchen wir dieses Singen Gottes aufzunehmen und ihm auf unsere Weise zu antworten.

Das Lied des Johannes ist eines jener Worte der Bibel, die man auf keine Weise einfach erklären kann. Es ist eines der Worte, an denen uns allenfalls immer einmal wieder deutlich wird, daß die biblische Botschaft Tiefen hat, in die man

nicht im Vorbeigehen eindringt. Aber wie kommen wir dem auf die Spur, was es sagen will?

Das Lied ergeht in immer neuen Kreisbewegungen:

Im Anfang war das Wort,
und das Wort war bei Gott,
und Gott war das Wort.
Dasselbe war im Anfang bei Gott.

Der Kreis der vier kurzen Sätze ist geschlossen. Und auf einer neuen Ebene setzt ein neuer Kreis an:

Alle Dinge sind durch dasselbe gemacht,
und ohne dasselbe ist nichts gemacht,
was gemacht ist.

Und wieder schließt sich der Kreis. Und immer wieder schließt sich einer und beginnt einer neu. Und wenn wir ein Lied dieser Art verstehen wollen, müssen wir vielleicht als erstes wieder lernen, bei wenigen Worten lange zu verweilen.

Oder am Anfang vielleicht sie so schlicht nachsprechen, daß sie wenigstens erlauben, daß wir überhaupt ein wenig in sie eindringen. Etwa so:

Am Anfang war das Wort,
und das Wort war bei Gott.
Was aber jemals entstand,
entstand durch das Wort, das Gott sprach.

In ihm war lebendige Kraft,
und das Leben war das Licht der Menschen.
Er, Christus, war in der Welt,
und die Welt erkannte ihn nicht.
Er kam in sein Eigentum,
und die Seinen nahmen ihn nicht auf.

Und von dieser verkürzten Form aus kann man versuchen, mit den wenigen Worten, die man verstanden hat, eigene Gedanken zu verbinden; vielleicht so:

Wenn du fragst, woher die Welt kommt, dann sage ich dir: Am Anfang war nicht der Zufall, am Anfang war nicht die blinde Energie. Am Anfang war Geist. Geist in Gott. Denkender Geist. Gestaltender Geist, liebender Geist.

Am Anfang schuf Gottes Geist Himmel und Erde. Und Gott sprach: Es werde Licht. Und es ward Licht.

Am Anfang sprach Gott ein Wort. Und der Geist Gottes wurde sichtbar in Himmel und Erde, der Geist Gottes wurde faßbar in einer Welt und ihren Gesetzen, der Geist Gottes nahm einen Leib an, den der Schönheit, der Geist Gottes wurde greifbar in den Dingen.

Am Anfang war die schaffende Kraft. Am Anfang war der gestaltende Wille, am Anfang war der klare, lichtvolle Geist.

Und es wurde eine Welt voll schaffender Kräfte, voll gestaltender Energien, voll von klaren, sinnvollen Ordnungen.

Aber das Wort war nicht nur am Anfang. Es ist noch immer die schaffende Kraft. Es ist noch immer das geheime Wesen der Dinge. Es spricht sich noch immer aus auch im nachdenkenden Geist des Menschen.

Am Anfang auch unseres eigenen Lebens war und ist der schaffende Geist Gottes. Auch wir selbst kommen aus seiner Kraft, aus seiner gestaltenden Kunst. Auch der Sinn unseres Daseins ist mit sehr leiser Stimme in unser Schicksal hinein gesprochen.

Der Sinn unseres Weges durch dieses seltsame Leben ist noch immer der, die leise Stimme des schaffenden Geistes zu hören und ihr Antwort zu geben. Ihr unser Ja zu sagen und die leibhafte Gestalt unseres Lebens als unseren Dank darzubieten.

Denn was am Anfang war, das ist heute und das ist in Ewigkeit: der schaffende und der sprechende Gott. Und

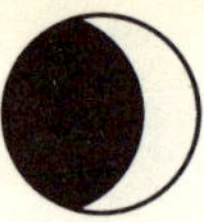

unser Menschenleben ist nichts anderes als die Antwort auf den Sinn, den Gott in dieses unser Dasein gelegt hat.

Denn wir können, ohne irgend etwas zu verlieren oder zu verändern, auch sagen: Im Anfang war das Licht.

Im Wort war das Leben, sagt Johannes. Und das Leben war das Licht der Menschen.

Im Anfang also war das Licht, und das Licht war bei Gott, und Gott war das Licht. Und das Licht war Leben und Geist. Geist aus Gott.

Man mag die Bilder wenden, wie man will, immer verweisen sie auf das eine Geheimnis, das hinter den Bildern ist, sozusagen hinter allen sichtbaren Dingen verborgen.

Am Anfang war das Wort. Und das Wort erschien uns als ein Mensch und wohnte in unserer Mitte. Und wir schauten seine Herrlichkeit in den Bildern des Fests, in Stern und Krippe, in dem Licht, das in der Finsternis scheint. In den Bildern einer Auferstehung. In den Bildern eines kommenden Reiches.

Wenn wir nun nicht fragen: Woher kommt die Welt? Sondern einfacher: Woher kommt eigentlich Jesus? dann führt das Lied am Anfang des Johannesevangeliums uns auf demselben Weg zurück an den Anfang. Es sagt: Niemand hat Gott je gesehen – nur der eine, der von ihm herkam, hat ihn gezeigt.

Er redete von ihm, aber mehr noch: Es zeigte ihn, er lebte ihn vor in seiner eigenen Gestalt, seinem Weg und Schicksal.

Von Jesus heißt es: Er kam aus dem Haus und Geschlecht des David, er stammte aus einer bestimmten Familie. Aber auch das andere, und das widerspicht dem nicht: Er hat seinen Ursprung im Geheimnis Gottes.

Die Fähigkeit, Ohr und Stimme zu sein, trat in ihm ans Licht wie am ersten Schöpfungsmorgen. Er wurde der Sprechende, er wurde gleichsam selbst das Evangelium von der Liebe Gottes, der Trost unseres Menschenlebens.

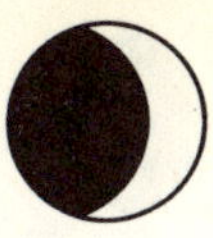

Die Weihnachtsgeschichte erzählt, die Hirten auf den nächtlichen Feldern um Bethlehem hätten ein Licht gesehen und eine Stimme gehört: Der heute geboren wurde, der wird euch retten. Und sie gingen hin und fanden ein Kind.

Und als das Kind erwachsen war, da wandte sich der Mann Jesus irgendeinem Kranken zu, faßte ihn an der Hand und sagte: Sei los von deiner Krankheit. Und der Mensch war gesund.

Er wandte sich einem Menschen zu, der mit seiner Schuld nicht zurechtkam, und sagte: Deine Sünden sind dir vergeben. Und der Mensch atmete auf.

Er wandte sich einem Menschen zu, der mit seiner Arbeit beschäftigt war, Tag um Tag, zeigte ihm ein neues Ziel und sagte: Folge mir nach. Und der Mensch legte das Alte ab und ging in ein neues, anderes Leben.

Er wandte sich einem armen Kerl zu, den sie gleich ihm selbst am Kreuz zu Tode quälten, und sagte ihm: Heute wirst du mit mir im Paradiese sein.

Er wandte sich einer kleinen Gruppe seiner Freunde zu, die nach seinem Tode übrig blieben, sandte sie zu den Menschen und sagte: Ich bin bei euch alle Tage bis an der Welt Ende.

Und immer geschah in der Zuwendung, die wir Liebe nennen, etwas Neues. Es entstand etwas. Ein getrösteter Mensch. Ein gesunder Mensch. Ein freier. Ein mutiger. Eine zuversichtliche Gemeinschaft. Sie entstanden durch das Wort, das schöpferische, das von Gott kommt.

In ihm, diesem Jesus, spricht Gott: Ich liebe dich, Mensch. Du bist mir wert. Du kommst von mir. Du findest deinen Weg durch diese Welt zu mir zurück. Und ich nehme dich auf.

Und wenn dein Weg durch sehr viel Dunkel führt, dann begegne ich dir, du Mensch, im Dunklen und liebe dich. Und rufe dich zu mir. Und mein Wort ist nicht nur ein Wort. Es ist das Licht auf deinem Weg und das Licht über dir.

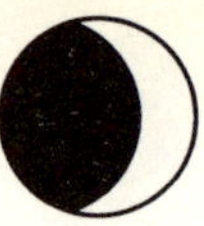

Wenn wir diese Stimme einmal gehört haben, dann sind wir dazu berufen, selbst eine Stimme zu werden, eine Stimme für die, die anders als durch ein Wort ihren Weg nicht finden. Eine Stimme, die sagt: Ich liebe dich. Du bist mir wert. Oder: Ich danke dir. Ich bitte dich. Oder: Ich verlasse mich auf dich. Ich bin glücklich mit dir. Oder: Verzeih mir. Oder: Ich verzeihe dir. Ich lasse dich nicht fallen.

Was wir so einander zusprechen, das ist in immer neuer Form das eine Evangelium von Gottes Liebe, das durch uns in leibliches, greifbares Leben eingeht und dort Wahrheit schafft. Einsicht. Erfüllung. Sinn. Glück. Hoffnung. Trost.

Und vielleicht kommt dadurch das Wesen und das Geheimnis allen Menschenlebens ans Licht: daß wir ein Wort haben, das weiter herkommt als nur aus unserem Mund, und daß unter uns Menschen die Herrlichkeit Gottes erscheint und wir aus seinem Wort Gnade empfangen, wie das Lied sagt.

So wird das Wort Mensch und wohnt unter uns. Und wir geben die Antwort, in der herauskommt, daß wir gehört haben: nämlich die Antwort, die die Bibel das Lob Gottes nennt.

Was ist das eigentlich, das Lob Gottes? Es kommt ja vor, daß die Bibel nicht nur die Menschen, sondern auch die Steine und die Bäume, ja die Berge und Hügel auffordert, Gott zu loben.

Sie meint: Wenn Gott einen Baum schafft, dann ist der Baum ein Zeichen seiner Hand. Wer Gott kennt, der erkennt ihn wieder an seinem Werk. Der Baum ist ein Zeichen, das einen Gedanken Gottes anzeigt.

Der Baum aber ist vollkommen, wenn er nichts anderes ist und sein will als ein Baum. Damit lobt er Gott, das heißt: Er spiegelt die Gedanken und das schöpferische Können Gottes. Er verweist auf seinen Meister.

Und der Mensch? Der Mensch war geschaffen als ein Wesen, das Gott gegenüber ist, ihn hört und ihm antwortet, auf ihn hinlebt, auf ihn zugeht. Gott schuf den Menschen

ihm zum Bilde. Indem er hört und antwortet, ist er Gottes Bild. Indem er der ist, den Gott mit ihm gemeint hat, lobt er Gott.

Der Mensch aber soll nicht nur Gott mit einem Ja antworten und soll nicht nur das Schicksal annehmen, das ihm Gott zugewiesen hat, er soll auch, und das ist mehr, sich selbst bejahen.

Ein Lob Gottes bringt der dar, der sein Leben annimmt und sagt: Das ist gut. Dazu sage ich ja. Dafür bin ich dankbar. Und der fortfährt: Ich nehme auch mich selbst, wie Gott mich gedacht hat, an.

Das Lob Gottes und die Liebe haben viel miteinander zu tun. Denn Gott loben kann ein Mensch, der sich selbst geliebt weiß.

Und das ist es, was die Liebe kann: Sie setzt noch dem Tode das Lob Gottes entgegen. Sie bewahrt das Wort von der Liebe Gottes und hat damit an seiner Ewigkeit teil.

Und so geschieht das, was das Lied am Anfang des Johannesevangeliums meint: Die ihn aber aufnahmen, die machte er zu Kindern Gottes. Sie heißen nicht nur so, man sagt das nicht nur so hin. Sie sind es in der Tat. Sie sind nicht mehr, was ihre irdische Herkunft, ihr Erbe an Leib und Seele und Geist aus ihnen gemacht hat. Sie sind aus Gott geboren. In ihnen offenbart sich der heimliche Sinn alles menschlichen Lebens auf dieser Erde.

Denn wir könnten nun das Lied vom Anfang des Johannesevangeliums auch vom Ziel unseres Lebens aus lesen:

Am Anfang war das Wort. Am Ende wird das Wort sein, und das Wort ist bei Gott, und Gott ist das Wort. Alle Dinge sind durch dasselbe vollendet, und was jemals war, geht ein in das Wort.

In ihm ist die lebendige Kraft, und das Leben ist das Licht aller Wesen. Das Leben aus Gott ist das Licht, das uns heute und morgen vorausleuchtet auf unserem Weg.

Der Christus aber, der in der Zeit geboren wurde, geboren in der Armut dieser Welt, der heute noch geboren wird in der Verlorenheit der Menschenseele, der Christus, der das Wort des Vaters war, ist nun alles in allem.

Am Ende ist das Wort. Und alle Dinge sind vollendet in ihm. Darauf verlassen wir uns. Darauf gründet unsere Hoffnung, auch die Hoffnung für uns selbst. Und darauf wollen wir mit unserem Wort und Lied eine Antwort sein.

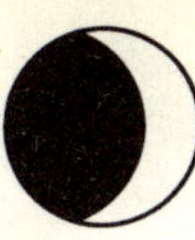

9. VOM GESANG DER HOFFNUNG

Immer wieder sagt die Bibel, wir sollten singen. Offenbar war ihr das nicht nebensächlich, sondern wichtig. Wir sollten nicht nur reden, sondern das ganz und gar Nutzlose tun: singen.

So fordert der Psalm 148 Himmel und Erde, den Gewittersturm und die Bäume, die Tiere und die Menschen auf zu einem gemeinsamen Gesang.

Es hat einer gesagt, vor Jahrhunderten schon: „Das Urbild alles Spielens auf Flöten, Krummhörnern und Pfeifen, überhaupt die ganze Musik, ist der Gesang." Der Mensch soll also, ist gemeint, ehe er ein Instrument zur Hand nimmt, selbst zum Instrument werden mit dem ganzen Reichtum an Farben und Klängen seiner Stimme.

Und die Bibel geht noch weiter mit ihren Aufforderungen. Denn damals hat man Lieder nicht einfach so vor sich hin gesungen, sondern man hat sich beim Singen bewegt, man hat getanzt. Im gottesdienstlichen Tanzspiel fand das Lied seine sichtbare, lebendige Gestalt.

Als Maria ihren Lobgesang anstimmte:

„Meine Seele erhebet den Herrn,
und mein Geist freuet sich Gottes, meines Heilandes",

da saß sie keinewegs auf einem Stuhl – das wäre damals für Frauen jenes Kulturkreises undenkbar gewesen. Da sagte sie keineswegs diese Verse einfach so her. Eine Frau, die sang, tanzte dabei, und das Tamburin oder die Trommel oder die Flöte nahmen den Rhythmus des Atems und des Herzens auf.

Aber warum ist den Menschen jener frühen biblischen Zeit das Singen, das Lied, so wichtig gewesen? Weil sie im Atem des Menschen die eigentliche lebendige Kraft am Werk sahen. Der Mensch lebt, so dachten sie, in seinem

Atem. Als aber Gott die Welt schuf, da schuf er sie nicht einfach so, sondern mit seinem Atem. Er sprach, und das Licht strahlte auf. Er sprach, und das Meer trennte sich vom Land. Er sprach, und es entstanden Tiere und Menschen.

Und als der Mensch geschaffen war, so erzählt die Schöpfungsgeschichte, da blies Gott ihm seinen Atem, mit dem er die Welt geschaffen hatte, in die Nase, und so wurde der Mensch ein lebendiges Wesen. Er richtete sich auf, atmend, Gottes Geist, den schöpferischen, in sich einziehend und aus sich entlassend. Nie so, daß er den Geist Gottes besaß, aber so, daß er ihn immerfort aus- und einatmete. Denn der Atem Gottes ist ein anderes Wort für seinen schöpferischen Geist.

Wenn er aber dem Wort, das Gott spricht, antworten will, wenn er sozusagen in die gleiche Schwingung geraten will wie das schöpferische Wort, dann erhebt er seine Stimme und singt. Singen heißt zunächst, den eigenen inneren Rhythmus und die eigene innere Melodie mit der Luft spielen lassen. Singen heißt weiter, seiner Seele mit allem, was in ihr lebt, im schwingenden Raum eine lebendige Gestalt verleihen. Singen heißt auch, was so an Stimmungen in mir ist, an reinen oder unreinen, auf einen reinen Ton stimmen.

Aber hinter allem Nachdenken über das Wort und das Singen steht für die Bibel die Erkenntnis, der ganze Kosmos singe im Grunde, er klinge in einer großen, umfassenden und alles durchdringenden Musik. Die Bewegungen der Gestirne wurden in der Antike schon so verstanden, daß sie eine einzige große Musik hervorbringen, die „himmlische Musik", sagte man, oder die „Harmonie der Sphären".

Und ich denke, wir heutigen Menschen könnten zu diesem Gedanken wieder einen sehr neuen und eigenen Zugang finden. Es gibt heute Physiker, die sagen, vom großen Kosmos bis zu den kleinsten Bauteilchen der Materie bestehe alles im Grunde aus Klang, aus staunenswert abgestimmter, harmonischer, berechenbarer, klingender kosmischer Musik. Wir lernen in diesen Jahren gerade von Naturwissenschaftlern, sensibler und behutsamer nach dem zu fragen, was die Welt, wie Goethe sagt, im Innersten zusammenhält, und finden: Die Welt ist ein einziges, in sich selbst klingendes Schwingungsfeld.

Im Anfang war das Wort, sagt das Evangelium des Johannes, das Einvernehmen der Schöpfung mit ihrem Schöpfer und das Einvernehmen des Menschen mit aller übrigen Kreatur.

Im Paradies, so wird erzählt, redete Adam mit den Tieren und gab ihnen ihre Namen. Wer einmal wach geworden ist, der lebt in der Grenzzone zwischen dem Hörbaren und dem Unhörbaren, der merkt, daß Tiere sprechen und der Wind redet. Sie sind so stumm nicht, wie wir meinen. Er beginnt zu empfinden, daß der Geist Gottes überall weht, wo Leben ist, und seine begrenzte Welt öffnet sich in den unendlichen Raum der Gegenwart Gottes. Denn auch die Stille ist eine erfüllte Welt voller Lebendigkeit, und erst aus ihr heraus löst sich der Klang, der Ton, das Wort, das Lied.

Es ist die besondere Gabe des Menschen, diese Sprache nachzusprechen, nachzudichten, nachzusingen. Das Schicksal der Dinge aufzunehmen, zu verstehen und ihm gerecht zu werden. Voraussetzung ist Liebe zu allem, was lebt.

Wir brauchen nur den Mut, in Gottes Atem mitzuatmen, in Gottes Sprache mitzusprechen, in Gottes Tun mitzutun. Es gehört der Glaube dazu, daß Gott näher ist als irgend etwas, das um uns her ist, und daß Gott uns innerlicher ist, als wir uns selbst sind. Inspiration ist Einatmen des Atems, der in Gott ist. Und dies, und nicht weniger, ist uns zugedacht.

Aber das Lied ist nicht nur eine Erinnerung an den Schöpfungstag dieser Erde. Es vollzieht nicht nur nach, was Gott am Anfang in seine Welt gelegt hat an Geist und Wahrheit. Es verweist auch in die Zukunft. Es nimmt eine Zukunft vorweg, der unsere Hoffnung gehört.

In der Zeit der Gefangenschaft der Juden in Babylon, also vor 2500 Jahren, wurde diese Erwartung zum erstenmal klar formuliert:

Es ruft eine Stimme:
Durch die Wüste bahnt einen Weg für den Herrn,
in der Steppe ebnet eine Straße unserem Gott!
Berge und Hügel sollen sich senken,
Täler sich heben.
Zerklüftetes Land soll eben werden
und die schroffe Höhe zum flachen Grund.
Denn die Herrlichkeit des Herrn wird sich offenbaren,
und alle sollt ihr sie schauen.
Wirklich! Es ist so!
Der Mund Gottes hat es geredet.

Jesaja 40

Unter Gefangenen fängt einer an, von der Freiheit zu träumen. Unter Eingesperrten träumt einer von einem freien Weg in die Zukunft. Unter Entrechteten träumt einer davon, Gott komme und gebe ihnen ihre Würde zurück. Unter Verstoßenen träumt einer davon, es gebe eine Straße in die Heimat, in ein Land, in dem Glück und Frieden sind. Und aus diesem Traum wird ein Lied, in dem sich seine Hoffnung ausdrückt.

In derselben Zeit, es ist sehr charakteristisch, dichtet einer:

„Wenn der Herr die Gefangenen Zions erlösen wird,
werden wir sein wie die Träumenden" (Psalm 126,1).

Wir werden in einer realen politischen Situation eine reale Befreiung erleben, aber wir selbst werden glücklich sein, wie man nur in einem unerhörten Traum glücklich wäre, wenn die Gedanken das Glück nicht mehr zu fassen vermögen. Und aus dem Traum wird ein Lied.

Wir stehen zum ersten Mal in der Geschichte der Menschheit an dem Punkt, an dem der Untergang der Welt,

die die Menschen geschaffen haben, der künstlichen, technischen Welt, sich vor den Augen derer, die klar sehen, abzeichnet. Es ist heute die Lebens- und Überlebensfrage der Menschheit, aufgrund welcher Erfahrungen oder Gedanken wir noch so etwas aufbringen können wie Hoffnung.

Der Traum hat seine eigene Wahrheit. Sagt nicht Hiob: „Im Traum, wenn der Schlaf auf den Menschen fällt, öffnet Gott dem Menschen das Ohr" (Hiob 33,15)? Und der Traum hat seine eigene Kraft. Denn nichts verwandelt die Wirklichkeit so wirksam, wie Träume es tun. Alle großen geschichtlichen Umbrüche sind zuerst geträumt worden, ehe sie sich vollzogen. Und immer haben sie sich in Liedern angekündigt.

Christliche Hoffnung ist beides, Tagtraum und Nachttraum. Der nächtliche Traum erzählt von der Vergangenheit, von der Kindheit eines Menschen oder von jener Urzeit, aus der auch der heutige Mensch noch lebt. Vergessenes kommt zum Vorschein, Verdrängtes schafft sich Raum, Verschüttetes wird frei, und die Bilder des Traums reden und malen, bewirken Veränderungen, warnen, geben Hoffnung.

Der Tagtraum andererseits, den wir auch die Utopie nennen, bereitet die Zukunft vor, deutet die Zukunft, malt Bilder einer künftigen neuen Ordnung, eines künftigen Respekts vor dem Menschen. Ein solcher Tagtraum erfaßt oft eine ganze Generation, eine ganze Epoche. Er deutet, ohne schon den Weg zu wissen, ein fernes Ziel. Ungenaue Bilder, aus Ahnung und Hoffnung hervorgehend, werden in Millionen Menschen gleichzeitig wach. Irgend etwas liegt in der Luft. Irgend etwas will neu gesehen und verstanden werden. Und von dem, das sich da andeutet, hängt das Leben ab. Und wir sind Zeugen eines solchen Tagtraums, der hinter der Unruhe der jungen Generation in den letzten Jahren gestanden hat.

Es ist der Traum von einem Weg, den wir in Schritten gehen und auf dem uns Gott führt. Er versetzt uns nicht mit einem Sprung in eine neue, künftige Welt, er zeigt einen heilvollen Weg auf dieser Erde, dessen Ziel Gott ist. Denn das „sinnvolle Leben" ist in der Sprache der Bibel ein Leben, das Verheißung hat. Die Verheißung aber kommt aus einer sehr fernen Vergangenheit und deutet über den heutigen Tag hinaus in die Zukunft.

Wenn ein Traum nachgespielt wird, entsteht eine Feier, ein Tanz oder ein Spiel, ein Gottesdienst, der dieser Hoffnung Ausdruck gibt. Dann wird der Mund der Christen „voll Lachens und ihre Zunge voll Rühmens sein". Sie werden das Evangelium feiern, das Evangelium von der Erlösung des Menschen und der Welt, auch der Erlösung ihrer Kirche aus allen ihren Halbheiten und all ihrer Starre. Sie werden feiern als die Träumenden, die wacher sind als Wachende sonst.

Vielleicht müssen wir die Geschichten des Evangeliums, die von Jesus erzählen, einmal mit ganz anderen Augen lesen: nämlich so, daß sie ein einziger großer, starker, wirksamer Tagtraum sind, der eine Verwandlung der Welt vorbereitet, die an die Wurzeln geht.

Irgendwo in Galiläa läßt Jesus sich einladen, und die Freunde, die Hausgenossen und die Gäste sitzen miteinander in einem Hof zwischen den Hütten. Dabei verwandelt sich die Szene, und Jesus wird selbst der Einladende. Der ärmliche Hof verwandelt sich in den Palast eines Königs. Zwei Stunden später liegen Haus und Hof wieder leer. So unansehnlich wie zuvor. Aber einmal ist der Hof ein Palast gewesen. Einmal hat er sich geeignet zum Mahl eines in die Zukunft schauenden, glücklichen Volkes Gottes. Wer nun in ihm lebt, wird ihn anders sehen als zuvor, mit einer Würde ausgestattet, die ihm nun niemand mehr ansieht, aber auch niemand mehr nehmen kann.

Jesus läßt sich das Brot und den Wein reichen. Indem er nimmt, verwandelt er, was ihm gegeben wird, in ein Mysterium. Aus gewöhnlicher Nahrung wird ein Bild der Erlösung, und das Bild deutet in die Zukunft hinaus. Ist dies

aber möglich und kann aus Brot und Wein ein Symbol für Leben, für Ewigkeit, für Erlösung werden, dann muß sich das auswirken. Dann werde ich künftig mit Brot anders umgehen, und mein Essen wird danach wissender, ehrfürchtiger, nachdenklicher und dankbarer geschehen als zuvor.

Im geringsten meiner Gäste, sagt Jesus, bin ich anwesend. Wo dir ein Armer, ein Verlassener, ein Leidender entgegentritt, hast du mit mir zu tun. Dort also, wo die Wirklichkeit am banalsten ist, dort gerade wird sie transparent auf Christus hin. Begegne ich aber an irgendeiner Stelle, wo ein Mensch leidet, Christus, dann ist die Welt an jeder Stelle fähig, Christus zu offenbaren. Die Menschen ändern sich für mich, es geht eine Wandlung mit ihnen vor, und sie werden zum Zeichen der Nähe und Kraft des heiligen Gottes. Das Leiden wird von nun an niemals nur heillos sein, und es ist ein großartiger Hinweis auf die Verwandlung, die mit dieser Welt geschieht, wenn große Heilige Aussätzige umarmten, weil sie wußten, daß seit Christus auch in der Krankheit Gott gegenwärtig ist.

Wir werden also Hoffnung finden in dem Maß, in dem wir heute die leidende Schöpfung umarmen in dem Wissen, daß hier der schaffende, der heilende Gott am Werk ist, der auch uns selbst schaffend und heilend umgreift.

Ist nun die Erde nurmehr Erde? Ist sie nicht Ort des Gottesreichs? Ist der Kosmos nur die ungeheure, beängstigende Leere, in der das Raumschiff Erde seine endlichen Runden beschreibt? Ist er nicht das Haus des Vaters? Ist die Zeit nun noch ein Zeichen des Fluchs, ein Mahnzeichen der Vergänglichkeit? Oder messen wir nun unsere Jahre vielmehr nach dem Jahr des Heils?

Denn Gott schafft sein Reich nicht, indem er vernichtet, was zuvor war, sondern indem er es verwandelt. Er zerbricht das „zerstoßene Rohr" nicht und löscht den „glimmenden Docht" nicht aus. Jesus macht aus dem, was er vorfindet, seine „Zeichen". Er läßt sich Fische und Brot reichen und zaubert nicht aus Steinen Brot. Er macht aus Kranken

Gesunde und schafft nicht den gesunden Menschen aus dem Nichts. Er holt keine Engel vom Himmel, sondern beruft Fischer zu seinen Mitarbeitern. Er beseitigt die alte Schöpfung nicht, sondern schafft die neue durch die Verwandlung der alten.

Wer mit der Welt umgeht, wird das Geheimnis ehren, daß aus ihr die größere, die vollkommenere Welt erst werden soll. Die Hoffnung aber ist der freie Raum, in den das Reich Gottes in diese Welt hineinwächst. Mit einem Stab schlug Mose an einen Felsen, um Wasser zu finden, und der Fels gab sein Wasser. Der Fels „Realität" ist viel weniger tot, als seine Härte glauben machen will.

Und wenn Jesus davon spricht, es gelte das eigene Leben wie ein Samenkorn in die Erde zu werfen, so werde Frucht wachsen, dann sagt er damit immerhin, daß es lebendiges Leben ist, das wir hingeben. Ein totes Korn, das in die Erde fällt, stirbt nicht, sondern verrottet. Nur ein lebendiges bringt, indem es stirbt, Frucht. Daß aber dies die Verheißung des Menschenlebens ist, das macht uns zu Träumenden, deren „Mund voll Lachens" ist.

Als die Träumenden sind wir aber endlich auch darüber glücklich, daß zuletzt nichts durch uns allein zu entstehen braucht. Das Reich Gottes entsteht nicht dadurch, daß wir es bauen. Es wird nicht fertig dadurch, daß unsere Arbeit fertig wird. Es reift nicht dadurch, daß wir zu Ende reifen. Es vollendet sich schon eher, indem unser eigenes Leben und unsere Menschengestalt sich in den Händen Gottes vollenden. Der Trost für die Träumenden, denen die Zukunft gehört, ist der, daß in ihren Händen nichts fertig zu werden braucht. Gott wird verwandeln, was an uns unzureichend blieb, unsere kleine Leistung, unseren kleinen Glauben, den kleinen Ertrag unseres Lebens. Wir werden nicht gemessen an dem, was fertig wurde, sondern an dem, was durch die Gnade Gottes in diesem Leben angefangen hat, was, noch so unscheinbar, in ihm entstand als ein Zeichen dessen, was kommen soll.

Dein, Herr, ist das Reich.
Du bist meine Zuflucht,
mein Schutz in aller Gefahr,
mein Friede in allem Streit.
Dein ist das Reich.
Wer sollte mir drohen?

Dein, Herr, ist das Reich.
Nahe bist du,
wenn ich mich mühe und nicht weiß, wofür.
Frucht wächst aus meiner Mühe
durch dich, auch wenn ich sie nicht sehe.
Dein ist das Reich.
Was soll mich kränken?

Dein, Herr, ist das Reich.
Du wirst mir den Sinn zeigen,
den ich mit Bangen gesucht habe,
den Sinn des Streits und der Tränen.
Das Bild deines Friedens zeigst du,
und ich danke dir.
Denn dein ist das Reich.

Du bist das Ziel meiner Wege, Herr.
Gib mir ein Zeichen auf dieser Erde schon.
Mach mich zu einer Zuflucht,
daß ich den Frieden schütze und die Güte
und daß ich dem Mißton des Hasses
das Lied meines Danks entgegensinge.
Ich danke dir, daß das Reich dein ist. Amen.

Anhang zur Musik

RANDBEMERKUNGEN ZU DEN LIEDERN

Hans-Jürgen Hufeisen

Wenn Lieder entstehen, dann geschieht das Wunder einer kleinen Schöpfung. Textautor und Komponist arbeiten zusammen, mal entsteht der Text zuerst, mal die Musik. Wenn ich die Worte von Jörg Zink höre, entstehen in mir die Melodien. Das eine oder andere Medium ist der Impuls für das gesamte Werk. Ich möchte zu den neuen Liedern ein paar Hinweise geben.

Dein, Gott, ist die große Welt
Wie eine Schöpfungshymne. Das Lied verlangt nach Kraft und Sicherheit.

Der Abend kommt
Ein schlichtes Abendgebet wie eine Litanei.

Du Licht der Sterne
Ein Lob, noch verhalten. Die Musik atmet ein und aus. Haben Sie Mut, den Schlußton jeder Textzeile auszuhalten. Dadurch entsteht ein deutlicher Puls von Spannung und Entspannung.

Du naher Gott
Eine klare und reine Melodie. Ich orientiere mich an den alten griechischen Tonleitern. Die dorische Tonart dieses Liedes strahlt Würde und Glanz aus. Der erste Teil der Melodie ist eine Verneigung vor Gott, der zweite ist ein Choral, ein gesungenes Gebet. Wenn Sie die Flötenstimme dazutun, entsteht ein Echo.

Ein Morgen leuchtet
Der zweite Teil der Melodie lehnt sich in Rhythmus und Melodiegestalt an einen jemenitischen Tanz an. In diesem

Lied verbinde ich zwei Kulturen: den christlich-westlichen Choral und den jemenitischen Volkstanz.

Eins bitte ich von dir, mein Gott
Ein gesungenes Gebet. Der zweite Teil der Melodie läßt das Licht aufgehen und wendet sich wieder zum Grundton zurück.

Gott, du, deines Mantels Saum
Eine zarte Melodie. Sie verlangt nach einer leichten Kraft beim Singen. Denn sie ist leicht beschwingt und doch eindringlich.

Gott, du Geheimnis der Liebe
Dieser vierstimmige Kanon gibt dem Geheimnisvollen Ausdruck. In der dritten Zeile ist der Grund, die Tiefe in der Musik zu finden, während die vierte Zeile die Tonart bestimmt.

Gottes Kinder
Die Takte sieben und acht sind für mich die spannenden. Obwohl nur ein und derselbe Ton wiederholt wird, entsteht dort eine drängende Atmosphäre. In diesem Lied rahmt Jörg Zink die vier Elemente mit dem ersten und sechsten Vers ein. Der erste Vers ist eine Anbetung, der letzte eine Bitte um den Segen. Wenn Sie das Lied singen, gehen Sie auf die Charaktere der Elemente ein.

Halleluja. Die Töne aller Menschen
Als Kind spielte ich oft Völkerball. Dabei geht der Ball von einer Hand in die andere. Ähnlich gehen hier die Töne von einem Volk zum anderen – deshalb ein Kanon. Außerdem können Sie diesen Kanon zusammen mit dem Kanon in D von Johann Pachelbel singen. Dazu müssen Sie das Lied einen Ton höher anstimmen.

Heilig bist du
Den Charakter der Melodieführung und Harmoniegestaltung des Liedes habe ich bei meinen Reisen in Rußland in den orthodoxen Kirchen kennengelernt. Ich war fasziniert von der Weite, Stille und Kraft dieser Lieder.

Ich möchte ein Lied versuchen
Die Melodie beschreibt einen Wachstumsprozeß.

In abenddunklen Zweigen
In meinem Werk „Das Engelkonzert" ist dieses Lied die Grundlage für den Chor der Cherubim. Für mich ist diese Melodie ein geheimnisvoller Gesang. Ein Gegensatz entsteht, wenn im zweiten Vers die Bedrohung der Erde geschildert wird, während die Musik den Wohlklang fortsetzt. Ich bin sicher, daß die zerstörte Erde heilende Musik braucht.

In dir, Gott, zu sein
Ein Lied zum Abendmahl. Ich verbinde Tonarten, die normalerweise nicht miteinander verbunden werden. Dadurch entsteht eine Spannung – zwei Tonarten, Gott und Mensch, wollen sich vereinen.

Ist das die Erde
Sogenannte „Seufzerschritte" bilden die Grundlage der Melodie. Die Harmonie – wir sprechen auch vom „Raum" in der Musik – entsteht erst, wenn die zweite Melodie mit dem Kyrie eleison dazukommt. Beide Melodien als Ganzes bilden die große Frage.

Kyrie eleison. Du bist die Mitte
Dieser Hymnus ist nicht leise. Er gehört tänzerisch und kraftvoll gesungen. Auch Klagen werden getanzt.

Lerne von den Vögeln
Die Musik war schon vor dem Text von Jörg Zink da. Für meinen Zyklus „Eremitage“ schrieb ich diese Musik für die Flöte. Dort ist es das Friedensgebet der Erde. Ich freue mich, daß das Friedensgebet im Text eine Fortsetzung findet. Es ist majestätisch zu singen – im Sinne von Würde und Pracht.

Meine Blume lacht ganz leise
Das Lied entstand für ein Fest mit vielen hundert Kindern. Für mich war es neu, daß Kinder so empfindsam singen können. Der zweite Teil im Lied ist ein dreistimmiger Kanon. Er symbolisiert für mich das Zusammenspiel von Pflanze, Tier und Mensch. Der Kanon kann mehrmals gesungen werden, erst danach beginnt der nächste Vers.

Mein Gott, ich klage
Von diesem Text von Jörg Zink war ich besonders angetan. Ich suchte lange nach der geeigneten Form, ihn in Musik zu kleiden. Dieses Lied ist für mich die Stimme des Hiob. Der Refrain kann von einem Chor gesungen werden, die einzelnen Verse können verschiedene Solisten singen. Der Schluß hat nur zwei Töne: „hilf mir“.

Miserere nobis
Ähnlich wie bei „Heilig, heilig“ suche ich den musikalischen Dialog mit orthodoxen Melodien. Melodie und Harmonie lehnen sich an die östliche Musikkultur an. – Eine Musik, die Klage- und Seufzermotive hat.

Und es ward Abend und Morgen
Das Lied ist eine Litanei. Nach jedem Schöpfungstag wird es erneut gesungen. Dabei werden die einzelnen Schöpfungstage mitgezählt.

Und zur sechsten Stunde
Die Melodie schreitet in Tönen nach oben. Erst sind es sechs und später neun Töne. „Und zur sechsten Stunde kam eine Finsternis über das ganze Land bis zur neunten Stunde." Der dritte Teil der Melodie symbolisiert den Untergang der Sonne. Mit dem zehnten Ton beginnt die absteigende Melodie.

Wenn die goldne Sonne steigt
Es ist eine Melodie mit tiefen Tönen. Das scheint im Widerspruch zur aufgehenden Sonne zu stehen. Und doch habe ich diese Töne und diese Tonart gewählt, um die Schönheit der Schöpfung in einem Klang hörbar zu machen. In den Takten sechs bis neun durchbreche ich die Tiefe.

Wenn die Sonne steigt
Die Melodie steigt und sinkt. Sie umspannt in der Oktave der ersten Zeile symbolisch den ganzen Tag. Der erste Teil fordert zum Wachwerden auf, der zweite sucht das Gebet.

Wir preisen dich (Hymnus)
Ich tanze gern höfische Tänze aus dem 16. und 17. Jahrhundert. Und so habe ich der Musik eine Allemande zugrunde gelegt. Ein Lied, das hüpft und die Eleganz des Tanzes sucht. Eine Allemande wurde immer zu zweit getanzt: Wir preisen dich, „Vater und Mutter der Welt". Musikalisch entspricht die erste Zeile mit der Anrede „Gott, du umfassende Kraft" der letzten Zeile „Vater und Mutter der Welt".

Wir preisen dich (Kanon)
Ein Kanon zu vier Stimmen. Für mich stecken darin die vier Elemente. Die erste Stimme symbolisiert die Luft, die zweite Stimme mit den tiefen Seufzern die Erde. Die dritte Stimme ist das Feuer – die Melodie steigt und ragt nach oben. Die vierte Stimme symbolisiert das Wasser mit seinen Wellenbewegungen. Der Kanon kann auch als Quodlibet gesungen werden, das heißt, jede Person sucht sich die Melodie aus, die sie am liebsten singen möchte. Alle Melodien erklingen dann gleichzeitig.

Zum Trauerlied ward mir die Laute
In „Das Engelkonzert" gab ich dem Engel Gabriel diese Melodie: Es ist „Die Rose des Gabriel". Mit der Inkarnation beginnt auch das Leiden, wie bei Hiob.

ALPHABETISCHES VERZEICHNIS DER LIEDANFÄNGE

Die Musik zu diesem Buch

„Wenn ich die Worte von Jörg Zink höre, wachsen in mir die Melodien", sagt Hans-Jürgen Hufeisen. „Die Töne, die ich ihnen hinzufüge, tragen seine Worte behutsam in die verletzte Welt."
Jede der vier Liturgien wird mit einer Ouvertüre eröffnet, die sich auch für meditativen Tanz eignet.
Die Mitwirkenden:
Chor: Vokalensemble Vivace, Leitung: Peter Werlen; Sologesang: Heiner Klaus; Sprecherin: Ruth Bannwart; Piano und Keyboards: Christof Fankhauser; Gitarre: Marius Böchin, Flöten: Hans-Jürgen Hufeisen; Percussion: Burhan Öçal; Streichquartett: Bach-Streichquartett Thomas Haug; Kontrabaß: Thomas Dürst.

Klang der Schöpfung
Eine musikalische Dichtung
Musik: Hans-Jürgen Hufeisen
Texte: Jörg Zink
Doppel-CD und Doppel-MC

„Klang der Schöpfung" enthält folgende Lieder aus diesem Buch:
Du naher Gott
Gott, du, deines Mantels Saum
Gottes Kinder
Ich möchte ein Lied versuchen
In abenddunklen Zweigen
Lerne von den Vögeln
Mein Gott, ich klage
Miserere nobis
Und zur sechsten Stunde
Wenn die goldne Sonne steigt
Wenn die Sonne steigt. Alle meinen Quellen
Wir preisen dich, Lied
Wir preisen dich, Kanon: vgl. den Titel „Die vier Elemente"

KREUZ: Was Menschen bewegt

Acht neue Liturgien von Jörg Zink und Hans-Jürgen Hufeisen

Feiern zu Morgen, Mittag und Abend, zur Adventszeit, zur Passionszeit, zum Ostermorgen, zur Pfingstzeit und zu einem Gottesdienst im Grünen enthält dieses Buch. Im Mittelpunkt stehen neue Hymnen, Lieder und Kanons von Jörg Zink und Hans-Jürgen Hufeisen. Im Anhang: Anleitungen zu Segensgesten und Tänzen.

Jörg Zink und
Hans-Jürgen Hufeisen
Wie wir feiern können
Lieder, Psalmen, Gebete und Tänze zu den Tages- und Festzeiten
208 Seiten, Hardcover

Psalmen der Bibel

Jörg Zink hat die schönsten Psalmen und Gebete der Bibel ausgewählt, nach Themen geordnet und neu übersetzt. Er versteht es meisterhaft, die vertraute Sprache der Bibel und heutiges Sprachempfinden aufeinander abzustimmen. Ruhm und Klage, Trost, Bitte, Hoffnung und Segen finden in diesen Liedern und Gebeten ihren Ausdruck. Das Buch ist für den einzelnen ebenso geeignet wie für Gruppen und Gemeinden.

Jörg Zink
Psalmen und Gebete der Bibel
144 Seiten, Hardcover

KREUZ: Was Menschen bewegt

Ausruhen – Zuhören – Träumen

Geistliche Musik, die der Neubelebung der großen christlichen Musiktradition und der Verlebendigung christlicher Feiern dient. Sie wird gerade denjenigen Freude machen, die zu Hause eine Zeit zum Feiern und Meditieren gestalten oder sich einfach hineinnehmen lassen wollen in vertraute und neue Klänge und Texte. Die Lieder entsprechen den acht Liturgien im gleichnamigen Buch.
Die Mitwirkenden:
Blockflöten: Hans-Jürgen Hufeisen; Sprecher: Jörg Zink; Piano und Keyboards: Christof Fankhauser; Sologesang: Heiner Klaus; Chor: Oberwalliser Vocal Ensemble, Leitung: Hansruedi Kampfen.

Wie wir feiern können
Ausruhen – Zuhören – Träumen
Musik: Hans-Jürgen Hufeisen
Wort: Jörg Zink
Doppel-CD, Doppel-MC

Unter vielen anderen enthält „Wie wir feiern können" folgende Lieder aus dem Buch „Feier der Schöpfung":
Ein Morgen leuchtet
Gott, du Geheimnis
Heilig bist du
Du Licht der Sterne (Melodie = Du Licht des Morgens)

Playback zu „Wie wir feiern können"

Das Playback eignet sich besonders zur Begleitung der Lieder aus dem Buch „Wie wir feiern könen". Es ist dafür gedacht, dazu zu singen oder auch ein Soloinstrument dazu zu spielen.

Hans-Jürgen Hufeisen
Wie wir feiern können
Ausruhen – Zuhören – Träumen
Playback
CD

KREUZ: Was Menschen bewegt

Notenausgaben

Das Engelkonzert

Noten für Blockflöten und Klavierbegleitung
sowie Einzelstimme für Flöte
ca. 70 Seiten, dazu 20 Seiten Einlage für Einzelstimme für Flöte, Broschur

Wie wir feiern können

Noten für Singstimmen und Klavierbegleitung
sowie eine instrumentale Oberstimme ad lib.
ca. 100 Seiten, Broschur

Klang der Schöpfung

Noten für Singstimmen und Klavierbegleitung
sowie eine instrumentale Oberstimme ad lib.
ca. 100 Seiten, Broschur

KREUZ: Was Menschen bewegt.